基于
STEAM教育视野的
高中物理课堂
教学构建

魏羽飞◎著

世界图书出版公司

图书在版编目（CIP）数据

基于 STEAM 教育视野的高中物理课堂教学构建 / 魏羽飞著 . -- 北京：世界图书出版公司，2020.6

ISBN 978-7-5192-7481-8

Ⅰ . ①基… Ⅱ . ①魏… Ⅲ . ①中学物理课 — 课堂教学 — 教学研究 — 高中 Ⅳ . ① G633.72

中国版本图书馆 CIP 数据核字（2020）第 069438 号

书　　　名	基于 STEAM 教育视野的高中物理课堂教学构建
（汉语拼音）	JIYU STEAM JIAOYU SHIYE DE GAOZHONG WULI KETANG JIAOXUE GOUJIAN
著　　　者	魏羽飞
总 策 划	吴 迪
责 任 编 辑	冯晓红 张 冉
装 帧 设 计	刘 岩
出 版 发 行	世界图书出版公司长春有限公司
地　　　址	吉林省长春市春城大街 789 号
邮　　　编	130062
电　　　话	0431-86805551（发行） 0431-86805562（编辑）
网　　　址	http://www.wpcdb.com.cn
邮　　　箱	DBSJ@163.com
经　　　销	各地新华书店
印　　　刷	北京虎彩文化传播有限公司
开　　　本	787 mm × 1092 mm 1/16
印　　　张	11.5
字　　　数	165 千字
印　　　数	1—5 000
版　　　次	2022 年 6 月第 1 版 2022 年 6 月第 1 次印刷
国 际 书 号	ISBN 978-7-5192-7481-8
定　　　价	45.00 元

序 言

PREFACE

    STEAM代表科学（science）、技术（technology）、工程（engineering）、艺术（art）、数学（mathematics），STEAM教育就是科学、技术、工程、艺术、数学多学科融合的综合教育。STEAM教育理念最早是美国政府提出的教育倡议，目的是加强美国K–12关于科学、技术、工程、艺术以及数学的教育。STEAM教育在美国的重要性不亚于中国的素质教育，在美国，大部分中小学都设有STEAM教育的经费开支，STEAM教育也被教师、校长、教育家们时时挂在嘴边。在STEAM教育的号召下，机器人、3D打印机进入了学校；奥巴马也加入了全民学编程的队伍，写下了自己的第一条代码；帮助孩子们学习数学、科学的教育科技产品层出不穷，而且这五个学科中，技术和工程结合，艺术和数学结合，打破了常规学科界限。

    近年来，国家提出中学生核心素养，即学生通过学习要达到的目标，而物理学科核心素养是学生在接受物理教育过程中逐步形成的适应个人终身发展和社会发展需要的必备品格和关键能力，是学生通过物理学习内化的带有物理学科特性的品质，是学生科学素养的关键部分。物理学科核心素养主要包括：①物理观念是从物理学视角形成的关于物质、运动、相互作用、能量等的基本认识，是物理概念和规律在头脑中的提炼与升华；②科学思维是从物理学视角认识客观事物的本质属性、内在规律及相互关系的方式；是基于经验事实建构理想模型的抽象概括过程；是分析综合、推理论证等科学思维方法的内化；是基于事实证据和科学推理对不同观点与结论提出疑问、批判，进而提出创造性见解的能力与品质；③实验探

1

究是指提出物理问题，形成猜想和假设，通过实验获取和处理信息，基于证据得出结论并做出解释，以及对实验探究过程和结果进行交流、评估、反思的能力；④科学态度与责任指在认识科学本质，理解科学、技术、社会、环境（这四者简称"STSE"）关系的基础上逐渐形成的对科学和技术的正确态度及责任感。

　　本书恰是将这一先进的教育理念与高中物理教学相结合，有较强的针对性和现实性，理论性和知识性，实践性和可操作性，是集科学性、知识性、操作性、实践性为一体的好书。可以说，这本书对高中物理教学有指导意义，同时也可供中学其他学科开展相应的教学。

魏晟

2019年6月

前　言

很多情况下，传统的物理教学导致学生缺乏知识的结构性和综合素养，同时，学生所学物理知识与科学、技术、社会生产和生活脱节，从而逐渐削弱了学生学习物理的兴趣。在新课改背景下，全国各地的学者、教师、教育组织、学校等都对高中物理教学提出了新的思路与方法。近几年，STEAM 教育逐渐走入人们的视野。STEAM由科学（science）、技术（technology）、工程（engineering）、艺术（art）和数学（mathematics）的英语首字母组成，它的出现意在打破学科之间的独立性，从而将这五门学科进行集成，引导人们改变传统的思维习惯和教学方式。

本书结合我国当前教育现状，归纳了STEAM 教育模式设计、高中物理核心概念以及基于STEAM教育理念的高中物理教学策略等。借助集体教学内容以及教学案例展示，实现对STEAM教育下高中物理课堂教学构建的展现。通过以上研究，希望能为高中物理单科教育走向综合化教育提供新模式和新思路，进一步激发学者、教师对基于STEAM 教育理念的高中物理教学实践进行更多的思考与探索。

目　录

C O N T E N T S

第三章　高中物理实验及要求梳理

第四章　高中物理学史梳理

第五章　基于STEAM教育理念的高中物理教学策略

第一章

STEAM教学模式设计

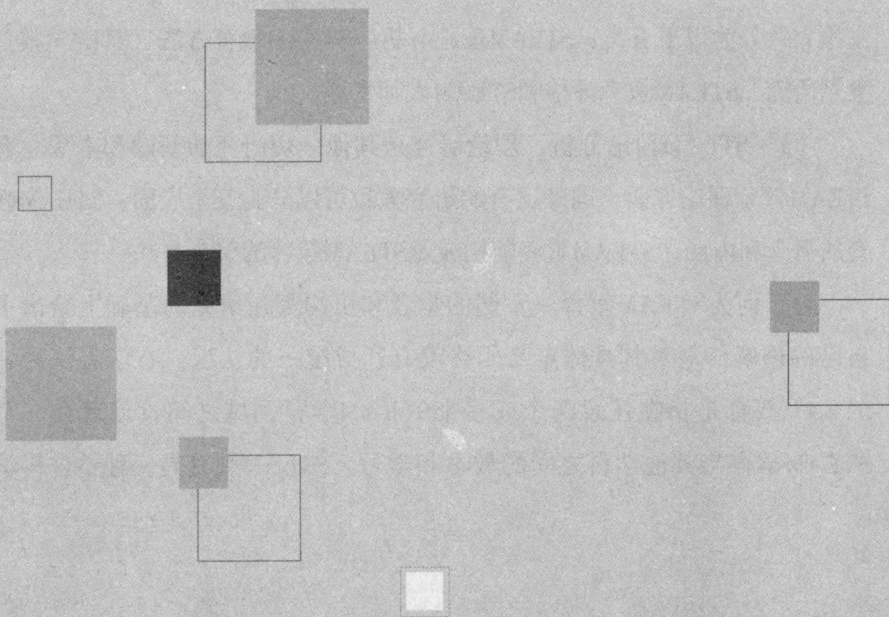

第一节　STEAM教学

一、国内外研究现状

（一）国内外STEAM教育研究现状

1. 国外STEAM教育研究现状

国外对STEAM教育的关注比较早，因此对STEAM文献进行搜索，可得到与该主题相关的文献1 200多篇。通过对主要文献资料的研究发现，国外对于STEAM教育的研究呈现出两个较为明显的特点：一是研究主题分散、多样，没有明显的研究侧重点；二是研究内容细致，因而对研究问题的探究也较为深刻。为了更清晰地讲解STEAM教育的国外研究现状，现将研究主题大致分为以下五类：STEAM理论分析、STEAM教育方法、STEAM教育案例研究、STEAM教育评估和STEAM教师发展。

（1）STEAM理论分析。理论研究是其他一切研究的基础和本源。在STEAM教育理论方面，国外已有的研究大致可以分为三个层面：STEAM教育的概念和内涵、STEAM素养的构成及STEAM教育的整合方式。

对于何为STEAM教育，不同的学者和机构都在研究的基础上给出了自己的理解，但对其具体定义始终没有达成统一的认识。有学者认为，STEAM教育是指在任意两个或多个STEAM学科领域之间，或者在一个STEAM学科与其他学科之间的教学和学习。STEAM教育是一种整合科学

（science）、技术（technology）、工程（engineering）、艺术（art）和数学（mathematics）领域的知识与技能，进行教学和学习的手段。总体来说，对STEAM教育理解较为合适的是采用一种整合的概念，将STEAM教育视为一种不同学科之间有目的的整合，以用于解决真实世界中的问题。

对于STEAM素养（STEAM literacy）的定义与构成，国外学者起初从其五门学科素养（科学素养、技术素养、工程素养、艺术素养、数学素养）构成的角度来探析STEAM教育应该培养的学生能力及品格，但这样的定义不能较好地体现STEAM教育的融合性。于是，部分学者开始从布卢姆教育目标分类的角度、素养要素构成的角度来研究STEAM素养。此外，国外学者对STEAM能力或技能探究得也比较多，相关关键词为"STEAM capabilities" "STEAM competencies" "STEAM skills"，这都为STEAM素养的形成奠定了基础。

长期以来，国外学者也一直在潜心研究如何将分离的STEAM五大领域进行有机整合，以更加有效的方式实现STEAM教育的培养目的。总体来说，目前国外一般采用基于项目的学习方式（Project-Based Learning，PBL）。美国学者Berry提出了三种基于项目的整合方式，即中心项目方式、学生主导项目方式、基于学生主导项目的课程，并对每一种方式的师生角色、优缺点等进行了详细论述。还有学者通过分析STEAM教育的核心概念以及融合一定的学习理论，构建整合性的STEAM教育框架，借助物理中滑轮的形式，形象、清楚地揭示了STEAM各学科之间的关系。当然，也有学者分析了当前STEAM教育整合中存在的不恰当认识和研究的不足之处，比如数学不如其他学科发挥的作用大、对工程学科的学习成果研究较少等，并针对STEAM各学科之间如何进行有效整合提出了自己的建议。

（2）STEAM教育方法。国外对STEAM教育方法的研究主要可以分为"方法（method）"和"模式（model）"两大类，且对教学方法研究的关注度一直很高，对教学模式的研究相对偏少。例如，在教学方法上，

Rogers等人提出使用连续性主题的教育模块和多学科方法进行跨学科整合，在保留传统课程的优点及内容的同时，帮助学生解决现实生活中的真实问题；Gulwani探究了在计算机辅助的STEAM教育中，如何进行基于案例的学习；等等。在教学模式上，有学者从宏观的、终身学习的视角，构建了"流线型STEAM教育过程（Streamlined STEAM Education Process）"，并简要呈现了（基础教育阶段、社区学院、综合性大学、研究机构）学生应该学习的STEAM内容；但更多的研究是聚焦于STEAM课程的一般教学模式上，如STEAM 5E教学模式、PIRPOSAL模型等。

（3）STEAM教育案例研究。国外对于STEAM教育的案例研究非常之多，通常都是基于一个具体的教学案例，针对特定的研究目的，使用一定的研究方法，通过真实的教学实践来分析不同教学变量之间的关系。例如，Ayar在一个为期12天的机器人夏令营项目中，探究了学生在工程设计过程中的经验获得情况以及对于工程的职业兴趣。Hudson等人在一个以设计与制作医药箱为主题的STEAM活动中，探讨了教学知识实践和学生学习成果之间的关系。此外，还有学者研究STEAM教育的性别差异，鉴于目前女性和少数族裔在STEAM职业中处于相对弱势的地位，探究采用榜样的影响和非正式的STEAM相关活动来激发女性对STEAM领域的兴趣等。总之，"案例研究"是国外STEAM教育研究的一个高频关键词。

（4）STEAM教育评估。一个事物发展到一定阶段必然会走向对其质量的评估，STEAM教育亦是如此。目前国外对STEAM教育的评估可分为两类：一类是对STEAM项目的质量评估。例如，由国外20位不同层次的STEAM教育专家，历时三年，制定形成了"STEAM教育质量框架"。该框架主要包含STEAM学科整合的程度、与非STEAM学科的联系、技术整合的质量等十个评判要素，为STEAM项目的设计与评价提供了参考依据。另一类是对STEAM教育实施效果的评估。例如，基于一定的理论与系统思维方法，从学生学习、教学实践、教师专业发展和学校层面的支持四个方面综合评价STEAM教育的开展情况。还有学者对STEAM教育教学中的诸多构成要素进行评价，如评价学生对STEAM教育的态度等。

（5）STEAM教师发展。除了上述研究主题，国外还十分重视STEAM教师的培养。考虑到教师在教授STEAM课程时可能存在知识与能力不足的问题，通过一些专业的发展项目对STEAM教师进行培训，旨在锻炼和提高教师实施与驾驭STEAM课程的能力。我国现阶段也存在诸多STEAM教师培训，但总体来说实践较多、相关理论研究几乎没有，希望能够引起有关学者的重视。

2. 国内STEAM教育研究现状

以"STEAM"为关键词在"中国期刊全文数据库"中共检索出相关文献200多篇，剔除通告、重复以及不相关的论文，最终确定199篇（截止到2016年10月10日）。通过对这199篇主要的文献资料进行研究、梳理及总结，可得出如下两点结论：第一，对STEAM教育的研究总体上呈上升趋势；第二，以国外STEAM教育的解读和述评为主，没有形成具体的理论观点和有效的实践模式。

由于我国STEAM教育还处于起步阶段，大多数研究都集中在对国外STEAM教育政策、相关法案、STEAM教育实施情况等的解读和述评上。还有较多的文献对STEAM教育的内涵与特点等理论进行剖析，很少有学者对STEAM教学模式、教学方法及教学策略展开深入的研究。总体来看，我国对STEAM教育的研究不够细致，且尚未形成独创的、具有一定推广性的理论观点和实践模式。根据主要研究内容，将国内STEAM教育研究划分为以下五大主题。

（1）国外STEAM教育解读。国内学者对国外STEAM教育的分析与研究涉及方方面面，如发展脉络、政策解读、相关法案、实施策略、教育评价、师资培训、个案研究等，多角度、多方位地呈现了国外STEAM教育的发展状况，为我国STEAM教育的探索与实践提供了参考与指导。

（2）STEAM理论分析。国内学者对STEAM教育的理论分析也相对较多，主要包含STEAM教育的内涵、特点以及整合方式等。对于STEAM教育的概念，傅骞等人总结了学术界存在的三种理解：后设课程、独立课程、教学策略。在STEAM教育特点上，由于分析视角不同，总结出来的特点也不同。从课程设计的角度看，STEAM教育具备跨学科性、情境性、趣味性、协作性、体验性、设计性、实证性、艺术性和技术增强性九大核心特征；从系统论的角度看，STEAM教育表现为综合性、动态性、回归性、实践性和丰富性。还有学者从教育形式、培养目标等综合性的视角，将STEAM教育的特点归纳为解决真实问题、项目引领学习、学科交叉融合、知识能力并重。

关于STEAM教育的整合方式，有学者基于Herschbach提出的两种最基本的课程模式（相关课程模式和广域课程模式），总结出三种STEAM跨学科课程整合的取向：学科知识整合取向、生活经验整合取向、学习者中心整合取向。唐小为等人认为常见的STEAM整合方式有科—数整合、科—技整合、科—工整合和以项目为"珠"穿起的数学、技术、科学与工程设计理念的珠—线整合模式。其中科—工整合与我国基础科学教育的发展最相适应，并提出了三种科—工整合的具体思路：应用延伸、工程框架、设计及探究。还有学者结合我国教育实际，总结得出融合课内外STEAM教育的三种形式：与课内科学课程相对应的STEAM项目——基于科学情境，结合技术与工程活动；与综合实践和通用技术课程项目对应的STEAM课程——基于工业情境，融合科学问题与工程技术；课外开展的STEAM教育项目——基于生活情境，巧妙结合科学、技术和工程问题。

（3）STEAM教育方法。国内对STEAM教育方法的研究文献屈指可数，且研究主题零散，具体包含跨学科项目设计模式、STEAM教育应用模式、针对特殊群体的教学策略、STEAM教育理念下的其他学科教育方法等。总体来说，目前我国STEAM教育研究中尚未有学者提出较为完备且具有一定普适性的STEAM教学模式。

（4）STEAM课程与实践。在STEAM课程与实践方面，我国诸多学者也一直在积极探索，表现较多的是STEAM教师对课程案例或学校实施STEAM经验的分析与总结。例如，一些学者依托Scratch、Arduino等软件开发STEAM课程，吴俊杰认为Ledong Scratch互动教学平台可以成为一个很好的开展STEAM教育的载体，并通过具体案例对该平台的应用进行了系列研究。在学校STEAM课程的实施经验上，朱凯等人在《STEAM教育创新的实践探索》中讲解了北京市八一学校STEAM课程的实施步骤、策略及成果。殷伟杰讲解了上海徐汇区求知小学STEAM课程的"123"项目推进方式等，力求能为其他学校实施STEAM教育提供借鉴与参考。

（5）STEAM其他研究。除了上述研究主题，我国学者还研究了STEAM教育的一些其他方面，如对STEAM学习的兴趣、STEAM教育与创客教育的比较、STEAM课堂中新兴学习技术的运用与整合以及基于STEAM教育理念的未来教室建设、创客教育模式、信息技术课程变革等。总之，我国学者在借鉴国外STEAM教育实施经验的基础上，正努力进行着STEAM教育的本土化研究。

（二）国内外STEAM教学模式研究现状

1. 国外STEAM教学模式研究现状

（1）5E教学模式。5E教学模式最早是由美国生物学课程研究（BSCS）提出的一种基于建构主义学习视角的模式，其基本环节有参与（engage）、探究（explore）、解释（explain）、拓展（enrich）和评价（evaluate）。2004年，国际技术和工程教育工作者协会（ITEEA）的STEAM教学中心采用了该种教学模式。2011年，马里兰州教育部也将5E教学模式用于整合型的STEAM教学实践中，并对其每一个环节如何开展进行了详细论述。5E教学模式能够保障学习者的主体地位，学生可以通过自主探究来构建、形成对科学概念的理解。不足之处是没有很好地体现STEAM

教育中"工程"的内容，且其五个教学环节过于笼统，对于STEAM教学的开展并不能起到有针对性的指导作用。

（2）6E教学模式。在5E教学模式的基础上，Burke结合STEAM课程的特点，提出了基于设计的6E教学模式，分别为引入（engage）、探究（explore）、解释（explain）、设计（engineer）、拓展（enrich）和评价（evaluate）。相比5E教学模式，该模式增加了一个"设计"环节，在该环节，学生将可以像工程师一样真正地进行设计与建造。可以看出，该模式开始注意将工程设计的过程融入课堂教学，但其与其他环节的紧密程度还不够。

（3）PIRPOSAL模型。Wells在分析科学探究、技术设计和工程设计过程的基础上，提出了整合性的STEAM教学模型——PIRPOSAL模型。该模型以问题为中心，强调符合思维和发散思维，分成八个学习阶段，即问题识别、产生想法、调查研究、可能的解决方案、最优化、方案评估、修改、学习成果，每个学习阶段又分别有三个主要的学习活动。该模型既是一个STEAM教育概念性的框架，也是一个可以真正用于课堂的教学框架，对于STEAM教育的实施能够起到一定的指导作用。相对来说，该模型较为全面地呈现了STEAM学习的过程，但由于培养目标、教学评价、师生角色、辅助条件等都没有体现，故并不能称为一个完整的教学模式。

2. 国内STEAM教学模式研究现状

根据现有研究，国内尚未形成比较完备的STEAM教学模式。在期刊论文中，傅骞等人根据STEAM教育应用成果的不同，将STEAM教育的应用模式分为验证型、探究型、制造型和创造型四种，并具体讲解了每一种应用模式的基本步骤及典型案例。吴秀凤基于STEAM教育理念，研究设计了中小学Arduino机器人的教学模式，从教学目标、教学策略、教学流程、师生活动等方面对如何开展Arduino机器人教学进行了探索。

在硕士、博士论文中，与STEM教学模式较为相关的研究总共有3篇。

其中两篇的研究对象是科学课程的构建与设计，另外一篇研究的是小学STEM课程中工程思维的培养。下面对其各自的教学模式进行简单讲解。

李扬在《STEM教育视野下的科学课程构建》中基于整合性的STEM 5E教学模式，构建形成了STEM教育理念下的科学教学模式——UIRDE模式。该模式主要包含五个环节：理解问题、调查或探究、查阅材料、设计和构建、解释和建议。作者在文章最后也给出了基于STEM教育的科学课程案例，但并没有对其进行实践验证，所以其有效性有待考究。

王玲玲在《基于STEM的小学科学课程设计研究》中，在对国际中小学STEM教育的研究现状进行梳理和分析的基础上，通过分析三个典型的STEM课程项目案例，总结得出STEM课程设计的特点。然后基于5E教学模式和工程设计过程，构建形成了融入STEM教育理念的小学科学课程教学模式——QIEIE模式，其基本环节为问题、探究、设计与建造、改善、评价。最后对该模式进行了应用举例，但依旧没有对其有效性进行实践验证。

王奇伟在《小学STEM课程中工程思维培养的教学设计研究》中认为，工程思维是STEM教育需要培养的一个重要思维能力，对于小学生而言同样不可忽视。因此，作者在对国内外STEM教育研究现状进行梳理的基础上，以建构主义学习理论和LBD（Learn by Design）教学理论为指导，基于科学探究循环模型和工程设计过程，构建形成了小学STEM课程中工程思维培养的教学模型。该模型主要包括创设情境与问题提出、调查探索、设计/再设计与实施、评价交流四个部分，"调查探索"和"设计/再设计与实施"环节又可以细分为多个具体的操作步骤。最后以具体的课程为例，通过两轮教学实践对模型进行修改与完善，并得出该模型对于学生工程思维的培养有一定的积极作用。

通过对国内外STEAM教学模式的分析可以得出，在模式构建上，由最初的围绕"科学探究"到"工程设计相结合"，再到"科学探究、技术设计和工程设计相结合"，越来越能体现STEAM教育融合的特点。不足之处是尚未形成较为完善的、相对权威的、具有一定推广性的STEAM教育一般模式，具体表现为以下三点。

（1）现有的教学模式多数都是些简单的操作程序或环节，并未涉及教学开展过程中相关工具与资源、教学评价化及一些必要的教学辅助条件等的设计与研究，即教学模式本身并不完整，并不能对STEAM教学的开展提供具体、有力的指导。

（2）STEAM教育的主要目标应为培养与提升学生的STEAM素养，而现有的STEAM教学模式的研究中大都没有对STEAM素养进行详细、深刻的分析，故在其教学模式设计时难免存在培养目标不明确、针对性不强等问题。

（3）由于诸多模式都没有进行实践验证，只是停留在理论探析阶段，其是否有效还需要进一步研究。

二、STEAM教育概念

对于STEAM教育的概念，学术界存在三种理解。

第一种理解是后设课程，认为STEAM教育是在原有分科教学的基础上，以解决一个现实世界的问题为导向，通过单独地创设一门课程，将科学、技术、工程、艺术、数学及其相关领域进行融合的教育。其中，STEAM教育不仅仅是指五门学科，根据问题的情境还可能涉及纳米技术、生物医学和天体生物学等学科知识。目前国内外学者对STEAM教育的理解持该种观点的较多。

第二种理解是独立课程，同样认为STEAM教育是一种将多学科进行整合的教育，但整合后的课程取代了原先STEAM各相关学科课程，STEAM教育以一门独立的、综合的课程开展。由于这种授课形式对学校现有课程的变革较大，所以持该种观点的学者较少。

第三种理解是教学策略，认为STEAM教育是一种基于项目的、基于探究的、基于问题的、基于设计的教学策略，其目的是培养学习者综合运用知识与技能解决现实问题的能力。持此观点的学者认为STEAM独立学科的学习也可以称为STEAM教育，区分是否为STEAM教育的关键在于学习者学习和运用知识的方式。例如，利用数学知识来合理安排职工工资也属于STEAM教育。

　　基于上述概念的分析与梳理，本书认为对STEAM教育的理解不能单纯地以跨学科和学科整合为标准，STEAM教育概念的定义有狭义和广义之分。狭义的STEAM教育指科学、技术、工程、艺术、数学融合良好的教育，其中科学注重知识运用、技术注重改造创新、工程注重设计开发、数学注重分析推理。学生通过综合运用多个领域的知识与技能解决现实生活中的真实问题，以锻炼和培养学生的跨学科思维能力、设计能力、问题解决能力以及创新能力等，最终提升学生的STEAM综合素养。广义的STEAM教育是从学习方式和学习目标出发，将STEAM教育视为一种理念指导，不局限于是否存在学科整合，注重STEAM知识的理解和应用，旨在通过探究式、项目式、问题导向式、体验式等学习途径解决STEAM学科问题或现实问题，以实现学生STEAM综合素养的锻炼与提升。

第二节 STEAM教学模式设计

一、STEAM教学模式要素分析

（一）教学目标

教学目标是整个教学模式的核心及导向，既是一切教学活动的出发点，又是教学活动结束后的归宿。只有对学生完成学习活动后应达到的效果做出明确的界定和说明，教学才有前进的方向和目的，教学任务的完成与否也才有测量和评价的标准。因此，在构建教学模式时，首先需要确定教学目标，以保证其他教学要素都能够以教学目标为核心进行设计与优化组合。

在素质教育与创新教育的热潮下，STEAM教育这样一种以动手操作和科学探究为外显特征的教育形式赢得了诸多教育工作者的青睐。于是，很多学校和机构纷纷响应号召，追随新的教育理念，大张旗鼓地引进和开展STEAM课程。这种积极追求新事物、努力推进教育向前发展的精神是值得肯定的，但是由于STEAM教育在我国起步较晚，相关理论研究支持不足，目前较多STEAM课程都是由国外直接翻译而来的。学校教师在具体实施时，并没有一个整体的培养目标作为指导，长此以往，课程会由于缺乏凝聚力而容易走样，抑或沦为简单的动手制作课，失去课程原本的内涵和意义。因此，明确与细化STEAM教育的培养目标，对于我国STEAM课程的顺利开展十分重要。

　　STEAM教育作为一种新型的教学形式，在进行具体的教学设计时，不仅要重视学生对科学、技术、工程、艺术、数学及其相关领域知识的掌握，更要强调学生综合地、跨学科地运用这些知识与技能来解决现实问题，使学生树立对STEAM学科正确的态度与价值观，造就更多的科技创新型人才。综合来说，就是以培养学生的STEAM素养为基本目标。

（二）教学程序

　　教学程序是教学活动按照时间顺序展开的程序结构，它规定了教师和学生在每一环节需要完成的活动及任务，是教师教和学生学的融合与统一。基于5E教学模式和工程设计过程，本书设计了"STEAM教学程序"，如图1-2-1所示。

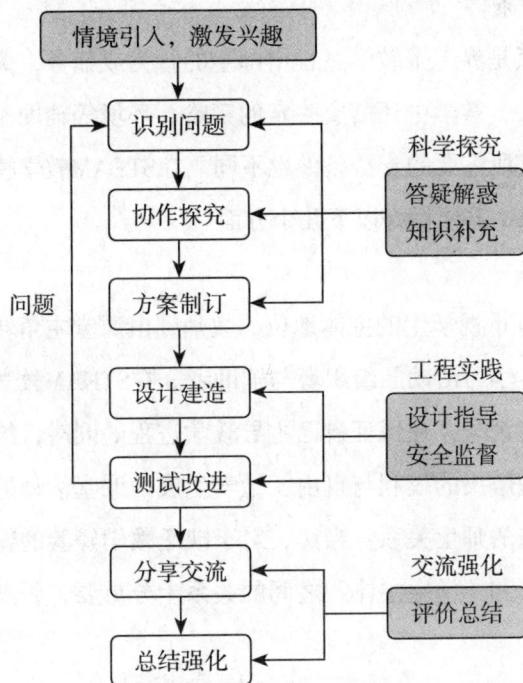

图1-2-1　STEAM教学程序

在STEAM教学程序中，学生是教学活动的主体，教师则扮演着教学活动的组织者、学生学习的辅助者等角色。根据学习活动的不同，STEAM教学程序主要可以分为三个阶段：科学探究、工程实践和交流强化。在不同的教学阶段，教师给予学生的学习支持也不同。例如，在"科学探究"阶段，教师主要针对学生所提出的问题进行答疑解惑，必要时对全体学生进行相关知识的补充；在"工程实践"阶段，教师需要对学生实践操作中遇到的困难做出及时指导，同时，由于部分工程工具可能存在某些安全隐患，教师在该阶段还应时刻监督学生的操作安全；在"交流强化"阶段，教师主要对学生的作品及表现进行评价等。具体来说，STEAM教学程序可以分为八个环节：情境引入、识别问题、协作探究、方案制订、设计建造、测试改进、分享交流、总结强化。

（三）辅助条件

教学程序只是界定了教学过程中师生的行为或任务，为了保证这些环节能够顺利开展，教学中还需要一定的策略、环境等辅助条件的支持。教学模式不同，其所需要的支持条件也不同。在STEAM教学模式中，要想达到最佳实践效果，需要做好以下几个方面。

1. 师生关系

STEAM教育重视学生的主体地位，教师则由课堂主角转变为"幕后导演"，成为学生学习活动的组织者与辅助者。在STEAM教学实践中，教师要充分转变原有观念，在保证自己主导教学进程的同时，给予学生更多的自主学习和问题解决的权利与自由，让学生成为课堂活动的主角，努力建立一种平等和谐的师生关系。当然，对于缺乏教学经验的新手教师，把握好"教师主导"和"学生主体"之间的关系十分重要，否则很容易出现课堂失控现象。

2. 教学策略

教学策略，即策略在教学中的应用，解决的是"教师如何教""学生如何学"的问题。教学策略的使用总是指向特定的教学目标，恰当的教学策略能够保证教学的成功开展。在STEAM课堂中，学生通过解决真实问题来习得知识、锻炼技能，问题的解决会贯穿教学的始终，因此，基于问题的学习（Problem-based Learning）是STEAM教育常用的一种教学策略。通过以问题解决为导向，让学生在识别问题、分析问题和解决问题的过程中建构知识，培养学生解决实际问题的能力。此外，STEAM课程开展的形式一般都是项目式，且具备一定的挑战性，需要依靠团队的力量共同完成，故教师在教学中应采用小组合作的方式，提高学生学习的效率。

3. 教学环境

任何教学模式都需要借助特定的教学环境才能顺利进行，教学环境是教学活动实施的必备要素。从内容构成的角度看，教学环境可分为教学信息环境和教学物理环境。其中，教学物理环境是开展教学活动必要的物质基础，具体又可以分为自然环境、设施环境和时空环境。基于研究需要，这里的STEAM教学环境主要是指设施环境，即能够对STEAM教学起到支持作用的学习工具和资源。

STEAM教师应努力为学生创设技术丰富、设备丰富和资源丰富的学习环境，让学生在自主、开放的学习空间中进行学习与创造。

按照使用目的和功能，STEAM学习工具主要可以分为以下几类。

（1）信息搜索工具。主要指能够辅助学生收集资料、探索问题的学习工具，如计算机、图书资料等。

（2）认知工具。主要指用来支持或扩充学生思维过程的工具，可以帮助学生进行复杂问题的分析，如概念图工具、可视化程序设计工具、数据分析工具等。

（3）实践工具。主要指作品设计与制作时所需要的一些工具及材料，包括基本的工程工具（如螺钉、绘图纸、麻绳）、建模（如3D建模软件、数学建模工具）、数字化装备（如3D打印机、开源电路板）、实验仪器和耗材等。此外，教师还可以充分利用一些免费的虚拟科技创新平台来进行教学实践，如虚拟实验室、增强现实技术等，在减少课程耗资的同时，还能吸引学生的学习兴趣。

（4）交流协作工具。主要指能够支持学生交流与分享学习经验的软件工具，如QQ、微信等。交流协作工具应存在于每一个教学环节中，且不受时间、地域限制，以方便学生在遇到问题时能够及时地解决。

另外，教师还应该为学生提供丰富的、适宜的课程学习资源。例如，课程必要的预备知识、引导学生问题探究的学案、与课程内容相关的拓展资料等。有条件的学校可以建立"STEAM课程专用平台"，一是用于呈现学校的STEAM课程，二是用于学生把作品及时上传至平台与大家分享，三是用于一些作品的投票及评比活动等，积极采用多种形式来充分调动学生学习STEAM课程的热情。

需要指出的是，STEAM工具和资源的选择与使用需要从课程的内容、难易程度、设备的特点等多个方面进行考虑，并非多多益善。另外，STEAM教师在课程设计时还需要考虑学校的信息化水平甚至课程经费等，在已有的教学环境下努力为学生创设最佳的学习体验。

（四）教学评价

教学评价是对教学目标达成情况的一种检验，是对教师教和学生学的效果的一种评判。通过教学评价得到的反馈信息可以很好地指导和改进教学。根据不同的标准或依据，教学评价可以具体划分为不同的种类。

在传统的教学中，由于课堂过于注重知识的传授，因此教学评价也是主要以检验学生知识掌握及达标情况的总结性评价为主。这种只关注学习效果的评价方式的明显弊端在于难以检测学生在学习过程中情感态度、学习策略等的发展情况，无法对学生的学习效果做出全面的评价与衡量。STEAM教学评价应改变以往单一的评价模式，采用多种方式，从多个维度、多个角度对学生的学习情况、教师的教学情况等进行评价。根据教育评价研究的一般思路，结合STEAM课程的特点及教育理念，本书主要从评价方式、评价内容和评价主体三个方面对STEAM教学模式的评价体系进行介绍。

1. 评价方式——多样化

STEAM教育是一种跨学科整合的教育方式，旨在培养学生的跨学科思维、问题解决能力、设计能力等高级思维与能力，进而提升学生的STEAM素养。基于这样的培养目标，STEAM教学评价应采用形成性评价及总结性评价相结合的方式。

在STEAM教学过程中，教师要以形成性评价为主，着重关注学生在问题探究和工程实践过程中的行为表现，通过活动记录、量表、访谈等形式，及时地了解课程教学情况，并根据得到的反馈信息，适时地调整教学方案，以进一步改进和完善教学过程。在一段时间的教学结束后，教师也要对学生STEAM素养的整体培养情况进行总结性评价，了解学生掌握知识、技能的程度和能力水平，为后面STEAM课程内容的选择和难度的设计提供参考。需要注意的是，形成性评价与总结性评价并无孰重孰轻之分，二者的根本区别在于评价目的不同。在实际教学中，应根据具体教学情况合理地选用恰当的评价方式。

2. 评价内容——多维化

从宏观层面来说，STEAM教学的评价内容是学生的STEAM素养。

从微观层面来说，在对每一门STEAM课程的教学情况进行评价时，其评价内容应为STEAM素养指导下的教学目标的达成情况，具体包含对该项目所涉及知识的掌握、能力的锻炼、思维的培养以及态度的形成四个方面的检测。在实际操作中，教师应从多个维度对学生的学习效果进行评价，如课堂表现（包括个人表现和在学习小组中的表现）、作品质量、团队合作情况、团队表现、知识测验等，以尽可能全面地衡量学生的实际素养状况。

3. 评价主体——多元化

STEAM教学评价应采用多元化的评价主体，教师、学生、家长甚至社会相关人员等都可以对学生的表现进行评价。多元的评价主体能够从多个角度来评判学生的学习行为及效果，最大限度地确保评价结果的客观性，激发学生学习的积极性，同时也是教育公平的一种体现。具体来说，STEAM教学评价以教师评价和学生评价为主，学生评价又可分为学生自评和学生互评。在学生评价之前，教师应提醒学生要依据评价量表客观、真实地对自己和他人做出评价，理解评价的真正目的和意义，帮助学生形成正确的自我认识。

二、STEAM教学模式构建

基于上述理论分析，从培养学生STEAM素养的视角出发，本节将初步构建STEAM教学模式，并从理论角度对其可行性进行分析。

（一）STEAM教学模式图

在对STEAM教育五大要素进行分析的基础上，依据模式构建的客观性原则、科学性原则、可操作性原则以及简明性原则等，笔者尝试设计了如图1-2-2所示的STEAM教学模式。

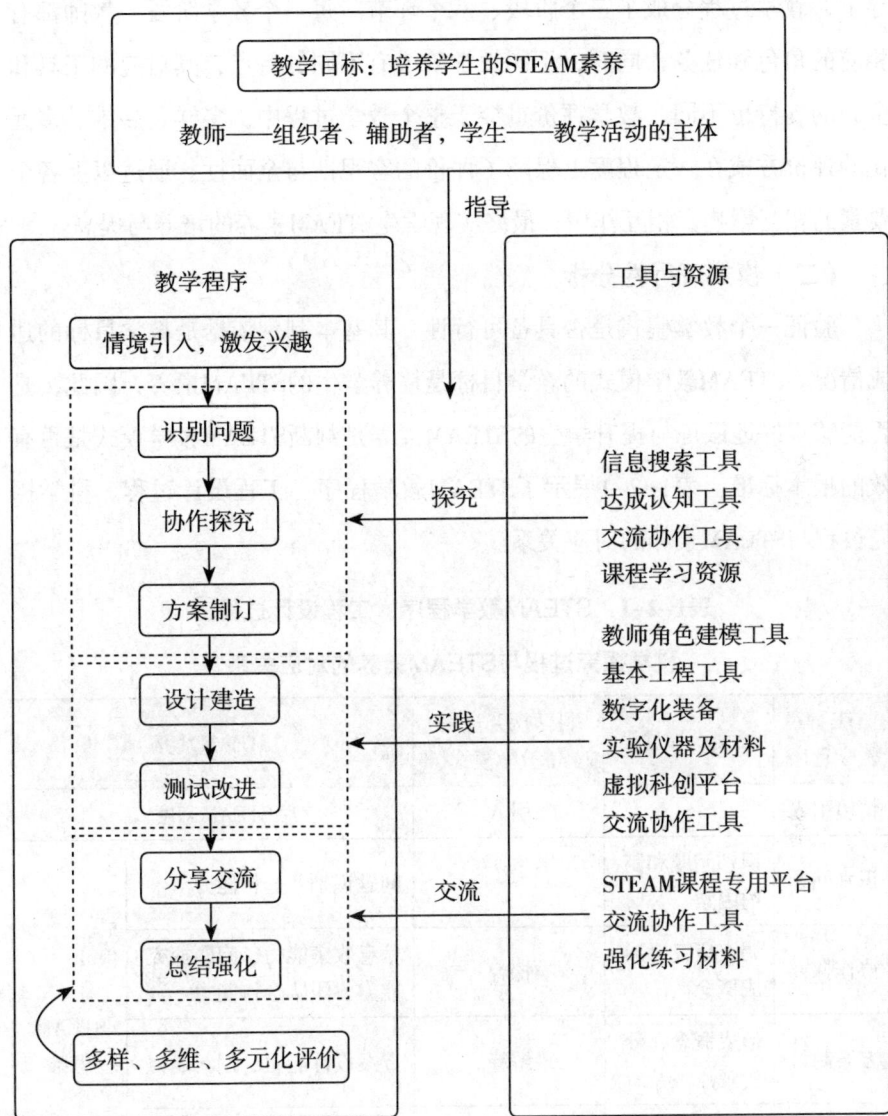

图1-2-2 STEAM教学模式

由图1-2-2可以看出，STEAM教学模式主要包含了STEAM教育的教学目标、教学程序、工具与资源、评价方式、师生的角色及作用五个教学元素。STEAM教学模式以培养学生的STEAM素养为根本目标，在该目标的指导下，教学过程分成了三个阶段、八个环节。每一个教学阶段，教师都有相应的角色和任务，同时，不同教学阶段有不同的特点，其对应的工具和资源的支持也不同。教学评价贯穿于整个教学过程中，多样、多维、多元化的评价方式在一定程度上保障了评价的客观性与全面性。通过以上各个要素的相互影响、相互作用，最终实现学生STEAM素养的培养与提高。

（二）模式可行性分析

验证一个教学模式是否具备可行性，其基本判别依据是教学目标的达成情况。STEAM教学模式的教学目标是培养学生的STEAM素养，因此，是否能够很好地锻炼与提升学生的STEAM素养是判断STEAM教学模式是否有效的根本标准。表1-2-1展示了STEAM教学程序、工程设计过程、科学探究过程与STEAM素养的对应关系。

表1-2-1　STEAM教学程序、工程设计过程、
科学探究过程与STEAM素养的对应关系

STEAM 教学程序	工程设计过程	科学探究过程（5E教学模式）	STEAM素养	
情境引入	—	引入	STEAM态度	
识别问题	识别问题和制约因素	—	问题识别及分析能力	STEAM 思维
协作探究	调查研究，形成概念	探究	信息收集能力、问题探究能力、团队合作能力	
方案制订	形成概念，分析观点	解释	方案设计能力、创新能力	
设计建造	建立模型	解释	动手操作能力、数据分析与解读能力	
测试改进	测试与优化	精致化	STEAM各项能力	
分享交流	沟通和反思	评价	表达与反思能力	
总结强化	—	—	STEAM知识、STEAM态度	

首先，STEAM素养各要素的提出是对科学探究与工程设计过程中所涉及的能力要求的提炼与总结，可以说STEAM素养的培养与这两个过程之间存在对应关系；其次，STEAM教学程序的设计与提出也基于科学探究过程与工程设计过程。综上可以推出，STEAM教学程序能够培养学生的STEAM素养，表1-2-1中也给出了相应教学环节与STEAM素养培养之间的对应关系。基于此，可以说从理论层面验证了STEAM教学模式的可行性。后面将通过实践应用来检验该教学模式是否真正可行，并针对实施过程中出现的问题及时修正。

三、STEAM教育模式实践应用

在STEAM教学模式的实践应用中，教师需要注意以下几点。

（一）教学目标具体化

STEAM教学模式的总体目标是培养学生的STEAM素养，总结了STEAM素养的能力要求，但其只是作为教学设计的围绕核心以及阶段性评价（总结性评价）的依据。在具体的教学实践中，课程的教学目标应为STEAM素养指导下的三维目标的设计与达成，即知识与技能、过程与方法、情感态度与价值观。

（二）小班化教学

有关研究发现，教师在课堂教学时所能关注到的视野覆盖范围最佳为25名学生左右。学生过多，教师就会顾此失彼；学生太少，教师虽然可以对学生进行个别化指导，但因缺乏集体教育所产生的促进力量，教学效果也不会理想。由于STEAM课堂比较自由和开放，教师应采用这样一种小班化教学的组织形式，以便于及时对学生进行个性化指导与交流，同时也利于课堂秩序的管理。

（三）建立小组契约

STEAM课程一般都是以小组合作的方式开展，如果实施不好、流于形式，就失去了合作的真正意义。在STEAM具体的教学实践中，教师可以组织学生建立小组契约，制订好大家应该共同遵守的内容，明确小组中各成员的任务及分工，做到人人参与，避免"袖手旁观"的情况出现。

（四）重过程而非结果

教师在实施STEAM教学模式时，应向学生渗透"重过程而非结果"的观念，允许学生制作失败，而不单以最后的作品来评价学生的学习情况，让学生在自主探究与实践中学习知识、体验STEAM学科的趣味及意义。

STEAM教学模式适用于整个基础教育阶段学生的STEAM课程学习，只是对于不同的年级，在教学目标以及教学环节的难易程度上可能会有差别，如STEAM问题的难度、方案设计的复杂性等，但其基本的教学模式都是一样的。另外，不管STEAM课程是否有产出，都需要经历科学探究与实践验证的环节，故均可以使用上述STEAM教学模式。

第三节 STEAM教育发展与现状的国家比较

一、美国STEAM教育发展与现状分析

（一）美国STEAM教育的发展历程

自苏联人造卫星发射后，美国就深刻意识到国家核心竞争力的本质是人才的竞争，工程师、科学家和技术人才将是21世纪处于主导地位的人力资源，然而美国拥有的科技人力资源占全球的比例正在逐步缩小，国际竞争力正在下降。为了应对这种危机，美国开始重视科学、技术、工程、艺术和数学（STEAM）学科的教育，期望通过STEAM教育弥补人才资源的不足，继续保持国家经济在全球的主导地位。

1986年，美国国家科学委员会（NSB）发表了《本科的科学、数学和工程教育》报告，又称《尼尔报告》，指导了美国国家科学基金会数十年对美国高等教育改革在政策和财力上的支持，也首次明确提出"科学、数学、工程和技术教育集成"的纲领性建议，被认为是STEAM教育的开端。因此，该报告被相关领域的研究者视为STEAM教育的里程碑。

1989年，美国科学促进联合会发表了《2061计划：面向全体美国人的科学》报告，该报告对"科学"进行了新的诠释，"科学"的内涵包括基础与应用的数学、工程和技术等相互交叉的学科，并在科学教育拨款方面对政府提出了更高的要求。

1996年，美国国家科学基金会（NSF）回顾并总结了美国大学科学、数学、工程和技术教育十年的进展情况，并为今后的发展提供了"行动指南"。发表了《塑造未来：透视科学、数学、工程和技术的本科教育》报告，该报告着重分析新的形势和问题，对学校、地方政府、工商业界和基金会提出"培养K–12教育系统中STEM的师资问题"和"提高所有人的科学素养问题"的明确政策建议。

20世纪90年代初，NSF使用STEM代表四门学科的缩写，由于这样的缩写带来一些歧义，2001年教育和人力资源部前主任Judith首次使用了STEAM，后来STEAM逐渐取代了STEM，成为五门学科的总称。

2005年，美国国家科学院（NAS）、美国国家工程院（NAE）、美国国家医学院（IOM）和美国国家科学研究委员会（NRC）向美国国会联合提出一项旨在揭示美国面临的紧迫问题并研究具体对策的报告，名为"驾驭风暴：美国动员起来为更加辉煌的未来"。该报告基于美国政府秉承的"科学与工程领域的卓越与领先带来的巨大的经济和社会效益"信念，期望美国在21世纪继续占领科学与工程方面的领先地位。

2006年，美国国会发布了报告《美国竞争力计划：在创新中领导世界》，政府投入高达1 360亿美元的经费，这是布什政府在科技与教育发展方面构建的宏伟蓝图。该报告的核心是加大对教育与研究的经费投入，全心全意地促进研究的开发、创新和教育的发展，从而提升国家的核心竞争力。同年，美国州长协会提出STEAM教育和K–12衔接的问题，发布了一项警示美国政府必须时刻加强对学生进行STEAM教育的报告。

2007年，美国对当前实施STEAM教育战略背景、现状、问题和相应的策略进行分析之后，由国会一致通过《国家竞争力法》。该法案重点提出了加强STEAM教育的投入、研发和新教师的培训，批准从2009年到2010年为联邦层次的STEAM研究和教育计划投资433亿美元，并要求把美国国家科学基金增加到220亿美元。这些资金重点投放到学生和教师的奖学金、津贴计划、K-12的STEAM师资培训计划、自然科学和工程研究项目上。除此之外，该法案还提出拓展中小学与高校之间的人才输送渠道，在中学阶段广泛开设大学先修课程。

2007年10月，美国国家科学研究委员会又一次发布报告《国家行动计划：应对美国科学、技术、工程和数学教育系统的紧急需要》。该报告提出加强国家层面对K-12阶段和本科阶段STEAM教育的主导作用，提高STEAM教师水平和相应的研究投入。该报告还将STEAM教育从本科阶段拓展到基础教育阶段，实现全面实施。

（二）美国STEAM教育的现状分析

1. 学业水平

虽然STEAM教育在美国备受重视，但是与STEAM相关的数学和科学成绩却不容乐观。美国K-12阶段学生的数学和科学学业水平的评估主要来自三个评估项目：全国教育进步评价（NAEP）、国际学生评估项目（PISA）和国际数学和科学趋势研究（TIMSS）。

2005年，全国教育进步评价评估结果显示，美国总体上只有三分之一的中学生数学和科学水平达到了国家要求。最近的结果显示，大约75%的八年级学生还未熟练掌握数学。美国的不同群体间的学生在STEAM学科上的学业水平差距明显，低收入群体、女性等弱势群体的能力表现较差。

国际学生评估项目每三年举行一次，主要测评15岁学生的数学、科学和阅读水平。美国学生的总体水平有所上升，但是仍处于中下水平，历年的排名和成绩仅在经济合作与发展组织（OECD）平均值上下波动。美国学生的成绩取得的细微上升与美国不断提高STEAM教育水平是分不开的，但是美国学生的基础较差，要在短期内取得明显的进步也不切合实际，因此政府加大K-12阶段的STEAM教育发展力度，关注学生的STEAM素养的提升。

国际数学和科学趋势研究每四年举行一次，主要测评四年级和八年级学生的数学与科学水平。2007年，国际数学和科学趋势研究评估结果显示，美国学生较上一次评估结果的数学水平没有提高，科学水平略有提高。2011年发布的数据显示，美国的数学与科学表现持续超过全球平均水平，排名也优于平均值，但仍比不上新加坡、韩国、中国台湾、中国香港等亚洲国家和地区。

2. 人才培养

目前，美国具有STEAM专业知识的学生、教师和专家的数量不足。STEAM学位授予率历来保持在17%左右，在24个国家中排在第20位，而国际学位授予率平均水平是26%。其2011年发布的一份《人力资源调查报告》中指出：超过50%的美国雇主发现自己很难找到具备高等数学、高等物理、高等化学知识的员工，与美国STEAM人才匮乏相对应的是快速增长的需求量。美国本土劳动力缺乏STEAM职业所需的数学素养、计算机素养和问题解决能力等，使得外国人占据了许多中坚位置，但是随着新兴经济的快速发展，许多高等人才和优质员工快速流失，造成美国STEAM劳动力缺口增大，因此美国特别重视STEAM人才的培养。

目前，美国面临着高质量的数学和科学教师严重短缺的问题。2005—2015年，中学数学和科学教师累计缺少近30万名。2007年美国教师教育学院协会对62所大学的STEAM教师培养情况进行调查，结果显示大部分学校培养数学和科学教师，只有少部分学校培养技术和工程教师，可见科学和数学教师的培养在学校已经形成具体的模式，而工程和技术教师的培养还处于起步阶段。教师在STEAM教育中起着关键作用，美国政府意识到教师的重要性，开始关注STEAM教师的培养。2009年实施的"为创新而教计划"中，美国政府提出在未来五年内，五个公共和私营部门为1万多名未来教师提供培训，同时支持现有10万多名STEAM教师的专业发展。2012年，启动"尊重项目"，政府提供巨额资金并提高教师地位，旨在打造一支全美STEAM学科最优秀的教师队伍。2014年又提出STEAM国家人才培育策略，针对中小学STEAM教育提出切实、具体的规划，包括实现各州STEAM创新网络合作、培训优秀STEAM教师、建立STEAM专家教师团、资助STEAM重点学校和增加STEAM科学研究投入等。

3. 工程教育

美国工程和技术人才缺口大，K–12工程教育发展不足，而工程教育又能够充分利用科学和数学知识，因此美国特别重视科学、数学和工程教育。随着STEAM教育的不断发展，综合性的跨学科教育的重要性越来越受到关注，因此工程教育成为研究和发展的重点。2013年，美国发布的《新一代科学教育标准》中指出，将工程教育列入基础教育，基于真实情境，通过科学探究和工程实践向学生呈现科学与工程流程。此外，美国还采取了很多措施支持工程教育。

（1）课程方面。各州设计的单元课程和项目引路（PLTW）机构开发的"技术之口"课程都基于真实情境和问题，让学生围绕工程任务进行系列活动，从而了解工程流程，综合应用其他学科的知识。

（2）项目方面。广大STEAM学校与世界顶级名校以及本地知名企业建立长期合作关系，以此方便学生进入大学实习、参与研究项目、修读大学课程，也鼓励学生进入职场实习，体验真实世界的STEAM项目，在专业人士的指导下学习工程在实际生活中的应用，也能够激励学生创新产品的积极性。

（3）政策方面。2009年和2010年相继发布报告《美国K–12工程教育：现状及未来》《K–12工程教育标准》，分别对15种K–12工程课程进行评估，探索制定和实施K–12工程教育标准的可行性，显示出国家对K–12工程课程的关注与重视。2013年又发布《新一代科学教育标准》，将工程教育渗透到K–12阶段，强调工程教育从源头抓起；美国工程与技术认证委员会（ABET）对21世纪新的工程人才提出11条评估标准，指引着工程教育的发展方向。

二、英国STEAM教育发展与现状分析

（一）英国STEAM教育的发展历程

英国具有悠久的工业发展史并积极推崇新理念，一直以来被赞誉为发明家的摇篮。作为世界强大的制造商，英国的科学技术水平是非常高的，虽然人口仅占世界人口的少部分，但是每年有14%的国际顶尖水平的科学研究。目前，英国面临着低水平成就的学生比例增加、STEAM相关人才紧缺的挑战。工程和科学行业是影响英国经济的一个重要因素，从业人员相关技能的不足将在一定程度上影响英国整体实力的提升。为了应对这种挑战，英国政府非常重视教育改革和科研投入。

科学教育在英国普通教育中占有非常重要的地位。1988年，英国议会通过的《教育改革法》在全国中小学实施"国家课程"，把数学和科学列为核心课程，大大提高了科学课程的地位，并强调科学学习的核心过程是科学探究，注重学生的主体性和积极性。

此后，又先后颁布了5个不同版本的科学课程标准，增加了情境要素，在层次性和递进性上表述科学探究能力的发展水平。国家课程中也包括技术与设计课、计算机课程等，充分体现了综合课程的发展趋势。

2002年，英国发布了加雷思·罗伯茨爵士的评论报告《为了成功的SET》，该报告由工程学校、继续教育和高等教育审查并提出一些建议，立足于为社会提供高质量的科学家和工程师，重点关注大学科学与工程技术教育对人才的培养。

2004年，由英国教育与技能部发布《2004—2014科学与创新的投资框架》的十年计划，该计划指出STEM教育的中心将拓展到科学教师和讲师的质量、学生在（普通中等教育）GCSE阶段的学习、高等教育中STEM项目的被选数量和从事研发事业的学生比例等内容上。

2006年，在投资框架的基础上，英国发布了《STEM项目报告》，由

英国国际贸易部（DIT）和英国政府教育与技能部（DFES）共同协调参与STEM教育，该报告强调来自政府、社会、学术团体和慈善机构的多方合作所形成的内聚力是STEM项目重要的组成部分，并列出包括政府政策、相关人员参与保障、建立传递体系等十七条行动方案。

2007年，英国具有高水平的竞争力，但是仍需要加强科学和技术教育，英国政府重点关注提高合格的STEAM教师人数、增加青少年学习科学的人数、完善职业咨询机构、建立国家和科学大赛，以此激励年轻人从事科学和工程的相关职业。

此后，英国加大对STEAM教育的支持力度，尤其重视学生的学习质量和STEAM教师的专业发展。政府加大资金支持，保证STEAM教育的有效实施；大学与学院之间进行联盟，加强交流；政府和基金会共同创建国家STEAM教育中心物理实验室和丰富的网络平台，为STEAM教师和学生提供丰富的课堂资源与学习场地；给STEAM教师提供职业发展的权利，提升STEAM教师的地位，及时更新教师的知识储备并提升教师的职业技能；政府鼓励学校积极与企业进行密切联系，聘请专业工程师作为辅导教师，给学生提供企业车间作为学习和研究的场地，将课堂拓展到课外，增加学生理解工程与技术的过程，提高学生理解工程师工作责任的意识和从事STEAM相关职业的意识。

2014年6月，英国皇家学会发布了《科学与数学教育愿景》报告，为英国未来二十年的教育体系改革绘制了路线图，目的是提升国民的科学素养，满足未来的人才需求。该报告重点提出五点建议：①将科学和数学课程作为必修课延长到18岁；②培养学生的STEM职业意识；③课程改革要具有持久性和稳定性；④教师成为教育评价的主体；⑤提升教师的地位并促进教师专业发展。

英国教育部已经宣布将在2015年之前提供1.35亿英镑用于改善科学和数学教育，还包括提供大量的奖学金吸引成绩优秀的大学生及研究生进入校园从事数学和科学科目的教学。

（二）英国STEAM教育的现状分析

英国非常重视科技的发明与创新，在科研方面的影响力高于美国。自2000年第一次PISA（国际学生评估项目）测试，英国就积极参与其中，并把学生成绩在PISA中的排名作为经济繁荣的晴雨表。近些年，英国学生的成绩虽然在国际中处于平均水平之上，但出现了下降的趋势，低技能水平的学生比例渐渐增大，这将会给经济体带来损害并产生长远影响。因此，英国政府加强了STEAM教育发展与研究。下面主要从学业水平、人才培养和工程教育三个方面进行现状分析。

1. 学业水平

英国Shell教育研究机构对学生科学态度评估的研究发现，学生16岁后对科学的兴趣逐渐降低，并缺少参与科学活动和选择科学职业的良好意识。英国皇家学会调查显示，大量英国青少年的数学成绩令人担忧。

英国积极参加国际学生学业水平的评测项目。2011年TIMSS（国际数学与科学趋势研究）评估结果显示，在数学和科学上，10岁、14岁学生的表现与2007年相比都有明显的退步，英国教育部认为这与数学和科学在义务教育中长期不被重视有关。

2000年英国就参与了第一届由经济合作与发展组织（OECD）开展的PISA，学生的数学、科学和阅读成绩都有所下降。2000年，英国学生的这三门学科成绩在国际上都比较靠前。2005年PISA评估结果显示，英国学生的科学能力远高于国际平均水平，但是很多学生的成就较低，英国所面临的挑战是确保科学的教学能够满足所有学生的需求。2012年PISA评估结果显示，英国学生的成绩排名跌落到20名以外，数学科目在65个参赛国家和地区中排名降到26。

2. 人才培养

英国面临着科学、技术、工程和数学领域高技术人才短缺的问题。

事实上，英国很多青少年可以在普通中等教育证书（GCSE）考试中取得高成绩，从而进修高级水平（A-Level）课程。据统计，从2003年到2013年参加A-Level STEAM学科考试的人数占总考试人数的比例上升了3.6个百分点，但是总需求量却远远高于培养的专业人数。英国工商业联合会（CBI）的报告指出，40%的雇主很难招募到STEAM技能人才。

STEAM技能对英国经济来说是根本，英国在科研方面的影响力高于美国。英国在科研方面的花费占世界总额的4%，科研人员占全球的6%，科研人员所撰写的论文数量占世界总量的20%，引用率更是高于平均水平。为了保持科研在全球的领先地位，英国期望通过教育改革提升STEAM教育质量，为社会输送更多合格的STEAM人才。

英国学者认为教育改革是一个长期的过程，教学质量最终取决于教师的质量。招聘高质量的教师和讲师能够提升学生学习的效率，发展学生STEAM学科的知识。因此，英国政府特别重视STEAM教师的培养，提供教师专业发展的权利（CPD）和丰富的网络资源等。虽然英国在教师培养方面非常重视，但是近年来存在教师的社会地位偏低和学科专家型教师数量短缺等现象。英国教师工会在2014年进行的调查表明，一半以上的教师的工作满意度低于上一年，多数教师认为工作负荷过重，薪资待遇水平低。同时，英格兰仅有3%～5%的小学教师具有科学和数学专业的本科学历，中学更是有20%以上的教师不具备所教数学、物理和化学等相应学科的本科学历。因此英国政府推出的《科学与数学教育愿景》中建议将教师的专业发展与职位提升建立联系，促使教师不断更新和强化自己的学科知识和教学技能。

3. 工程教育

STEM教育融合了科学、技术、工程、艺术与数学学科，强调通过实践性的工程教育来整合STEAM领域的学科内容，从而实现学生综合素养的提高。英国自从开设国家课程以来，就在义务教育中开展"设计与技术"

课程，并加强计算机的学习。目前，英国面临工程师数量紧缺，工程教育不足的挑战。

英国政府意识到工程教育在整合STEAM学科知识方面的重要性，积极采取措施进行改进。

（1）"设计与技术"课程以立法的形式作为中小学的基本课程之一，逐渐基于情境、基于项目进行课程设计，增加了学生了解工程过程的机会。

（2）约克大学CIEC项目开发单元课程，通过系列活动让学生完成工程任务，体验工程流程，增加对工程流程的认识和工程工作环境的了解，鼓励学生投身工程事业。

（3）实施"科学与工程大使"计划，将科学人才的作品放到中小学进行展示；招聘工程师进入中小学进行课堂指导，鼓励学生接触工程，促进学生对工程的了解并从事相关工作。

（4）进行"公司参与教育"活动，鼓励小规模企业与学校建立紧密的联系，学生家长可以清楚雇主的工作，及时给予支持和理解，更好地为学生的学习、工作与发展提供场地、指导和支持。

（5）建立良好的职业指导标准，使工程教育更好地满足年轻人的广泛要求，教育效果和事业支持都能得到高度评价。

三、其他国家

在英美STEAM教育的影响下，世界各国都在自己国家教育的背景下进行了不同程度的STEAM教育发展与研究。

德国作为欧洲的主要经济体，一直具有稳定的工业和完备的职业教育体系，但是德国仍然缺乏STEAM领域的高质量人才，2012年仅工程师的缺口就高达10万。德国认为专业技术人才的创造力可以解决当前科技发展中遇到的问题，能够迎接未来的挑战，因此德国着重关注学生在STEAM职业上的兴趣和发展，高质量的STEAM劳动力匮乏成为德国发展STEAM教育的动力。德国在多个政府报告中提到STEAM教育及其相关领域；2008年发布报告《通过教育前进——德国资格证倡议》，呼吁女性进入STEAM职业领域，并取得较好的成果；报告《2011/2012德国教育系统》指出，德国教育系统的关键是在整个教育层面实施STEAM教育，而且将在全国发展STEAM课程。同时，德国还建立了"校园实验室"，即在学校增加了300多个课外教育设施，以培养更多的工程师和科学家；大型企业承担一系列STEAM教育项目，支持当地的STEAM教育。德国目前呈现出全面、全民参与STEAM教育的局面。

日本比较重视学生的学业水平，自从1998年实施"宽裕教育"以来，学生的学业成就逐渐下降。2003年PISA的评估结果显示，日本学生的成绩下降幅度比较明显，政府将其归结为基础教育薄弱，因此开始关注美国的STEAM教育，期望寻找解决的方法。日本一直把科学技术作为立国强国的根本，在科研上的成果也处于世界领先水平，因此在中小学阶段发展STEAM教育，主要培养STEAM研究型人才，增强学生对STEAM相关学科的兴趣和热情；加强高中阶段的STEAM精英教育。为了加快STEAM教育改革的步伐，日本积极与国际合作，2014年，日本能源与环境教育协会代表团访问美国爱荷华大学教育系，学习和借鉴美国STEAM教育发展的经验。为了实现中小学阶段STEAM教育发展的目标，日本对传统教育进行了四个方面的改革，具体包括：①修改课程大纲，加强中小学阶段STEAM学科的内容与课时，提高全国STEAM教育的质量，激励学生投身STEAM相关事业；②设立STEAM教育专项基金，培养有特殊天赋的学生；③加强STEAM教师的培养；④支持并鼓励女性投身STEAM教育及STEAM相关职业。

相比英、美、德、日等国家，我国目前还没有在政策文件中正式提出"STEAM"一词。我国在基础教育改革的进程中，很关注学生解决问题能力的培养，受国际STEAM教育的影响，相关学者和专家加大了对STEAM

教育的研究力度，但还处在起步阶段，多数集中在理论讲解、报告解读等方面，缺乏必要的课程实践研究。随着国际社会对STEAM教育实践研究的加强，我国学者也开始关注STEAM教育实践的研究。上海和南京都成立了STEAM教育研究中心，为社会和学校提供课程案例支持；部分学校开始与高校研究中心进行合作，将本土化STEAM课程引进学校进行实证研究；《全日制义务教育科学（3~6年级）课程标准（实验稿）》明确提出探究性教学模式，发展学生的科学知识，提升学生解决现实问题的能力，实现我国素质教育的目标。

四、小结

对英美等国STEAM教育发展历程和现状进行梳理后发现，STEAM教育的发展趋势逐渐从理念转向实践，但是部分亚洲国家和其他发展中国家的STEAM教育发展水平相对滞后。除此之外，不同国家在发展STEAM教育的进程中有相似之处和不同之处，主要体现在发展背景、教育目标、实施策略和人才培养上。

1. 发展背景

各国都面临着STEAM劳动力匮乏、人才缺口大的挑战，但是每个国家学生的STEAM相关学科的学业水平不一，国家对人才培养的重视角度不同。

美国整体上面临着国际竞争力下降的挑战。美国本土STEAM劳动力匮乏，中小学教育质量不佳，学生的STEAM相关学科的表现在国际上处于中下水平，不同群体间的STEAM学科成就相差较大，这些推动着美国加大STEAM教育的投入。英国的科技水平在国际上屈指可数，但是学生对数学和科学的兴趣逐渐降低，学生的表现水平在国际上趋于下降，数学和科学教育不足，低成就学生的比例增加，女性接受STEAM教育的机会较少，成就较低，国家高质量的科学教师和工程师数量欠缺，这些极大地影响了英国国际科技强国的地位。德国和日本等国同样面临着STEAM劳动力匮乏和学生学业水平下降的问题，但是德国比较重视职业发展，因此强调STEAM职业意识的教育；日本比较重视学生的学业水平，因此强调STEAM课程内容和课时的增加，加强与国际的合作。我国还处在对STEAM教育的引入和理论研究阶段，同时在中小学推行综合教育改革，期望通过对国外STEAM教育发展的比较研究，找到适合我国发展STEAM教育的契机，推动探究性综合教育的发展。

2. 教育目标

鉴于发展背景，各国都期望通过STEAM教育实现提升学生STEAM素养和21世纪技能、增加投身STEAM职业和STEAM研究的人数、提升本国国际竞争力的目标，但是各国的侧重点有所不同。

美国侧重于提升全美学生的STEAM素养，培养大量的STEAM人才缓解STEAM劳动力紧缺的问题，提升本国的国际竞争力。英国侧重于提升学生的学业成就和高质量的STEAM人才数量，保持国际科技强国的地位，并试图缩小与美国之间的经济差距。德国重视职业教育，侧重于学生在STEAM职业上的兴趣和发展。日本和英国发展背景类似，更加重视STEAM研究型人才的培养，增强学生对STEAM相关学科的兴趣和热情。我国部分区域学生的学业水平较高，但是创新能力不足，综合性基础教育质量不高，因此我国需要加强基础教育的综合性和探究性，培养学生探究的兴趣和能力，努力实现教育平等。

3. 实施策略

各国实施的策略非常丰富，大致形成了以美国为例的"从上到下""疯狂"的策略模式和以英国为例的"从下向上再到下""谨慎求高质量"的策略模式。

英美等国政策支持上存在很多相同点，但是侧重点存在差异。相同点包括系统的政策指引、巨额的资金支持、丰富的STEAM学习资源和教学资源、多样的项目学习、标准的制定、增加对研究生的奖金和资助等。美国更加侧重于政策指引和巨额资金支持，现在逐渐转移到工程教育、教师培养和学业水平等核心问题上，并将STEAM教育拓展到K-12阶段。相比较于美国的狂热，英国更侧重于教学质量和教师质量，从下出发、从核心出发，逐渐促使英国政府对STEAM教育进行规划。例如，改革"国家课程"，提供教师专业发展权（CPD）。由此可见，我国要想深入地发展探究性综合教育，政府需要给予必要的政策指引和资金支持，重视专业教师的培养，政府、学校和社会支持相关课程的研究与实践，在尝试中慢慢发展，才能逐渐改变传统教育的弊病。

4. 人才培养

各国整体上都面临着STEAM人才紧缺的现状，对STEAM人才的培养表现出较高的重视程度。美国基础教育阶段学生的STEAM学科成绩低于世界平均水平，STEAM学位授予率较低，工程师人才不足，因此美国从K-12阶段到高等教育阶段都重视STEAM专业人才的培养。英国整体教育水平较高，但是高质量的STEAM专业人才匮乏，工程教育不足，因此英国期望通过提升学生STEAM职业意识和学科兴趣来促进STEAM人才的培养。

第四节　STEAM课程国际比较

　　课程目标是对课程与教学的预想结果，是一门课程学习结束之后所要达到的学生发展状态和水平描述性指标，是课程设计的基础环节和重要因素。课程目标直接影响课程设置、内容选择、编排、实施与评价，也是课程自身性质和理念的体现。鉴于STEAM课程的分科教学和综合性，国际上对于STEAM课程最终要实现什么还没有一个统一的、明晰的定义。下面主要从英美等国与STEAM课程相关的国家课程目标和成熟的STEAM课程案例目标进行比较分析。

一、美国STEAM课程目标分析

　　2007年，美国学术竞争力委员会为K-12阶段STEAM教育制定了国家目标，明确规定学生在中学后教育和进入社会两个阶段都需要具有经济技术时代取得成功所应具备的科学、技术、工程和数学技能（21世纪技能）；促使有志向、有能力的学生成为STEAM领域的专家、教育家和领导者；提升学生在STEAM教育中的参与性；呈现科学教育需要面向所有学生普及科学与工程教育，并为学生未来从事STEAM专业领域职业奠定知识基础。

　　2013年，美国紧接着发布了《新一代科学教育标准》，简称《新标准》，沿袭了《K-12美国科学教育框架》的设计理念和目标要求，强调科学教育中的三个维度，即实践、跨领域概念和学科核心概念。《新标准》

要求学生通过科学探究与工程设计相融合的过程加深对所学知识的理解，并向学生呈现科学与工程在真实世界中的实践方式。在科学与工程技术融合的过程中，美国STEAM课程注重培养学生解决问题的能力、创新能力和创造能力。美国是典型的分权制国家，联邦政府不直接管理教育，教育的权力由各州政府掌握，因此教育政策由州政府根据本州的情况制定。《新标准》是美国各州政府设定STEAM课程目标的重要依据，如美国康涅狄格州的科学中心联合哈特福德公立学校共同开发了STEAM案例集，旨在改善STEAM教育质量，提升STEAM毕业生的素质。其中《电梯》的重点是《新标准》中的科学与工程实践，要求学生按照科学与工程实践的步骤进行学习，并进行电梯模型的构建。通过融合工程实践步骤的课程设计，使学生熟悉科学与工程实践过程，有机会将这些实践应用于解决真实世界的问题。

目标的设定除了依据《新标准》，还依据《州科学标准》《共同核心数学标准》《共同核心英语语言艺术标准》和《技术标准》，旨在培养学生STEAM综合素养，即科学素养、技术素养、工程素养和数学素养。目前STEAM素养强调单独的学科素养，还没有成熟的综合性素养，主要包括：认识到科学、技术、工程、艺术和数学对现代社会的重要作用；熟悉五个领域的基本概念；学会运用这些概念知识，发展这些领域的基本技能。美国康涅狄格州科学中心开发的单元课程"桥"，就是基于《新标准》《康涅狄格州科学标准》《共同核心数学标准》和《共同核心英语语言艺术标准》进行具体的目标制订，旨在改善STEAM教育质量，最终提高STEAM毕业生的素质。其中，"瓦楞纸实验"活动课程是让学生把美术纸折成瓦楞的形状，通过探究瓦楞纸的承重量与瓦楞纸数量的关系，为学生提供一个深入钻研三角形的强度及它们在桥梁中的应用的机会。本活动的课程目标依据多个标准进行设定。

综上所述，美国STEAM的课程目标具有以下两个特点。

（1）标准多样。课程目标的设定主要依据《新一代科学教育标准》《州科学标准》《共同核心数学标准》和《共同核心英语语言艺术标准》。

（2）目标内容丰富。美国STEAM课程目标旨在培养学生的STEAM素养、跨学科能力、问题解决能力、创新能力以及学生从事STEAM职业的愿景。

二、英国STEAM课程目标分析

为了提升STEAM教育的质量，英国一直秉承创新教育，非常注重国家课程改革，制定了详细的国家课程标准和明确的课程目标。在提升STEAM相关课程的地位和质量、实施综合性STEAM课程方面进行不懈的努力。

早在1988年，英国议会就颁布了《教育改革法》，规定在全国中小学实施国家课程。受国际STEAM课程改革的影响，英国又进行了新的课程改革，把数学、英语和科学列为国家课程的核心课程，大大提升了科学与数学在国家课程中的地位。2014年12月，英国颁布了《国家课程框架》，对每个学科、每个学段都做出了明确的目标规定。新版科学课程加强了科学与工程教育的融合，重视学生智能与技能的发展及应用，强调递进式发展学生探究能力，《国家课程框架》详细规定了科学课程的整体目标和阶段目标。

数学是学习其他课程的关键，也需要通过其他相关的课程来发展学生数学能力。英国《国家课程框架》明确规定了三个目标：精通基础知识，发展学生对概念的理解，培养准确、迅速地运用数学知识的能力；通过数学语言猜想、评估、概括和开发一个论点；运用数学解决一些常规与非常规问题。

同时，英国还比较重视工程与技术教育，《国家课程框架》开设了生动活泼的设计与技术课，旨在增加学生对工程技术过程的认识，强调培养学生的创造性和批判性思维。除此之外，英国政府、基金会、大学及其联合学院、教育机构等开发STEAM课程，强调基于工程设计的STEAM融合课程和STEAM就业指导，侧重于增强学生对工程实践过程的认识，培养学生解决问题的能力和创新能力。如英国约克大学的工业教育合作中心开发的STEAM课程"电"，通过四个学习活动，要求学生设计出一个探测水位的传感器模型，融合了科学、技术和工程领域的知识，旨在为6岁的孩子提供使用电子产品的机会并增强他们对"电的生成"的理解。

综上所述，可见英国课程目标与美国存在如下差异。

（1）标准依据。英国主要依据《国家课程框架》设定课程目标。

（2）目标内容。除了相同点之外，英国的STEAM课程目标还注重突显STEAM相关学科的质量，进阶式地发展学生对知识与概念的理解，并加强对学生的STEAM就业指导。

三、其他国家

大多数国家和美国一样，都没有形成明确的目标界定。澳大利亚的基础教育阶段与STEAM相关的课程是分开教学的，包括数学、科学和技术课程，都具有明确的目标，而工程教育只是在系统比较强的活动或任务中体现。日本新的课程大纲目标指出，提高全国STEAM基础教育阶段的质量，激励学生投身科学事业，并为日本大范围发展STEAM教育提供环境基础。相较于国外，我国还没有关于STEAM课程目标的文件。在国际STEAM教育的影响下，我国加强了基础教育阶段综合教育的实施。2001年7月，教育部颁布了《全日制义务教育科学（3~6年级）课程标准（实验稿）》，但是工程与技术教育在基础教育阶段还相对较弱。

综上所述，国际上其他国家的STEAM课程的目标虽然侧重点不同，但是总体上都是为了提升学生的STEAM综合素养和跨学科能力，并提高学生投身STEAM职业的愿景。

第二章

高中物理核心概念

第一节 高中物理力学概念梳理

一、运动的描述

通过分析教科书中本节的内容可知，本节内容属于运动学，其主旨在于通过讲解一系列基本的概念来描述物体的机械运动，这些概念具有基础性，而学生无论描述哪一种形式的机械运动，都会用到这些物理量。

具体来看，在某些情况下，人们在描述运动时可以忽略次要因素，将物体看作是有质量的物质点（简称"质点"）。描述质点的运动首先需要建立参照系，在参照系上建立坐标系能定量描述质点的位置及位置的变化。在此基础上，教科书引进了位移的概念描述质点位置的变化，其大小用坐标轴上的两个位置坐标的变化量来表示；引进了平均速度和瞬时速度的概念来描述物体运动的快慢，用加速度来描述物体运动速度变化的快慢，还指出在加速和减速两种不同的情况下，加速度方向与速度方向之间的关系。位移等概念与初中所学毕竟不同，教科书在此初步指出了标量和矢量的不同及其运算法则的不同。

内容展示 运动的描述

1. 机械运动是物体的空间位置随时间的变化，是自然界中最简单、最基本的运动形态。

2. 在某些情况下，根据所要研究问题的性质，可以把物体看作是质点。

3. 要描述一个物体的运动，首先要选定某个其他物体作为参考系。

4. 在参考系上建立的坐标系能定量描述物体的位置及位置的变化。

5. 位移能表示质点的位置变化。

6. 矢量既有大小又有方向，标量只有大小没有方向。矢量相加与标量相加遵守不同的法则。

7. 物体的位移可以通过质点在坐标轴上的两个位置坐标的变化量来表示。

8. 可以用速度来描述物体运动的快慢，瞬时速度比平均速度能更精确地描述物体的运动。

9. 可以用加速度来描述物体运动速度变化的快慢。

10. 直线运动中，如果速度增加，则加速度与速度方向相同；如果速度减小，则两者方向相反。

综合考虑以上内容，结合教科书的概念，笔者将本节的主要内容概括如下：

描述物体运动时，可以在选定参考系的基础上，分别用位移、速度、加速度描述质点位置的变化、运动的快慢及速度变化的快慢。

二、匀变速直线运动的研究

通过分析教科书中本节的内容可知，虽然匀加速直线运动必然是在外力的作用下才能产生，但本节的主旨却在于从运动学的角度研究匀变速直线运动的速度和位移随时间变化的规律，并没有涉及受力的内容，因此，本节内容仍属于运动学。

先让学生通过实验探究小车速度随时间变化的规律，学生通过用表格记录实验数据并用图像处理数据，对匀加速直线运动有了感性认识。在此基础上，教科书引入了匀变速直线运动的概念及其图像，通过理论推导，

得到了匀变速直线运动的速度与时间的关系为$v=v_0+at$，位移与时间的关系

为$s=v_0t+\dfrac{1}{2}at^2$，以及速度与位移的关系为$v^2-v_0^2=2as$。自由落体运动是初速度

为零的匀加速直线运动，其瞬时速度和位移的计算都可以用以上公式。

内容展示 匀变速直线运动的研究

1. 在匀变速直线运动中，物体沿直线做加速度不变的运动。

2. 匀变速直线运动的速度与时间的关系为$v=v_0+at$。

3. 匀变速直线运动的位移与时间的关系为$s=v_0t+\dfrac{1}{2}at^2$。

4. 匀变速直线运动的速度与位移的关系为$v^2-v_0^2=2as$。

5. 自由落体运动是初速度为零的匀加速直线运动。

综合考虑以上内容，结合教科书的概念，笔者将本节的主要内容概括如下：

匀变速直线运动是加速度保持不变的直线运动，其速度和位移随着时间的推移而有规律地变化。

三、相互作用

通过分析教科书中本节的内容可知，本节的主旨在于让学生理解几种常见力的特点和规律，并掌握力的运算法则。

具体来讲，本节给出了力的定义和力的图示表示法，将所有的力概括为四种基本相互作用，即引力、电磁相互作用、强相互作用和弱相互作用。重力、弹力和摩擦力这几种常见力可以归结为引力和电磁力。本节重点讲解了这三种常见力的特点和规律，给出了重力的大小和方向、重心的概念及其影响因素，讲解了弹力产生的原因、常见的弹力种类和胡克定律，讲解了静摩擦力和滑动摩擦力产生的原因、大小（定量）和方向。此

外，本节还讲解了合力与分力的概念、力的合成与分解的方法，并指出了矢量和标量的运算方法。

贰 内容展示 相互作用

1. 力是物体之间的相互作用，力使物体的运动状态发生变化或使物体发生形变。力是矢量，既有大小，又有方向。力的方向不同，它的作用效果也不一样。

2. 地面物体所受的重力是引力在地球表面附近的一种表现，其大小为 $G=mg$，方向竖直向下。

3. 从效果上来看，可以认为物体各部分所受重力作用集中于重心。重心的位置有时与物体的形状有关，有时与物体内质量的分布有关。

4. 自然界中最基本的相互作用是引力相互作用、电磁相互作用、强相互作用和弱相互作用。

5. 常见的弹力、摩擦力属于接触力，它们在本质上是由电磁力引起的。

6. 弹力的产生是由于物体发生形变后要恢复原状，从而对与其接触的物体产生力的作用。

7. 压力、支持力和张力都属于弹力。

8. 弹簧弹力的大小与弹簧伸长（或缩短）的长度成正比。

9. 静摩擦力是在两物体间只有相对运动趋势而无相对运动时产生的，其大小与推力（或拉力）大小相等，方向与物体相对运动趋势的方向相反。

10. 滑动摩擦力是一个物体在另一个物体表面滑动时，受到的另一个物体阻碍其滑动的力，其方向跟物体的相对运动方向相反，大小与压力成正比。

11. 两个相互接触的物体，当它们发生相对运动或具有相对运动趋势时，就会在接触面上产生阻碍相对运动或相对运动趋势的力，即摩擦力。

12. 如果一个力产生的效果跟原来几个力共同作用时产生的效果相同，这个力就叫作那几个力的合力，原来的几个力叫作分力。

13. 力的合成是求几个力的合力的过程，力的分解是已知一个力求它的合力的过程。力的分解是力的合成的逆运算，两者都遵守平行四边形定则。

14. 矢量是既有大小又有方向，相加时遵守平行四边形定则的物理量。标量是只有大小没有方向，求和时按照算术法则相加的物理量。

综合考虑以上内容，结合教科书的概念，笔者将本节的主要内容概括如下：

第一，力是物体之间的相互作用，自然界最基本的相互作用是引力相互作用、电磁相互作用、强相互作用和弱相互作用；重力是万有引力在地球表面附近的表现；弹力、摩擦力是由电磁力引起的。

第二，合力与分力的作用效果相同，力的合成与分解遵守平行四边形定则。

四、牛顿运动定律

通过分析教科书中本节的内容可知，本节的主旨在于讲解牛顿第三定律及其应用，从而确立运动与力之间的关系，这也是动力学的核心。

具体来讲，本节在伽利略的理想实验的基础上讲解了牛顿第一定律、惯性的概念及其影响因素；在学生实验探究的基础上，讲解了牛顿第二定律和牛顿第三定律，尤其是受力分析以及"一对相互平衡的力"与"一对作用力和反作用力"之间的区别。牛顿第二定律确定了力和运动之间的关系，能从运动情况推断受力情况并从受力情况推断运动情况，还能确定共点力作用下物体的平衡条件。超重和失重现象的分析则是对牛顿第二定律和第三定律的综合应用。力学单位制的内容在本节中并不是重点内容。

内容展示 牛顿运动定律

1. 运动学理论只研究物体怎样运动而不涉及运动与力的关系。

2. 动力学是研究运动与力的关系的理论。

3. 一切物体总保持匀速直线运动状态或静止状态，除非作用在它上面的力迫使它改变这种状态。这一规律是用逻辑思维对事实进行分析的产物，不可能用实验直接验证。

4. 惯性是物体保持原有的匀速直线运动或静止状态的性质。描述物体惯性的物理量是其质量。

5. 物体加速度的大小跟它受到的作用力成正比，跟它的质量成反比，加速度方向跟作用力方向相同。

6. 根据基本量的基本单位，能推导出其他物理量的单位，即导出单位。

7. 两个物体之间的作用总是相互的，作用力和反作用力总是相互依存、同时存在的，大小相等、方向相反、作用在同一直线上。

8. 牛顿第二定律确定了运动和力的关系，使我们能把物体运动情况与受力情况联系起来。

9. 物体处于平衡状态是指一个物体在力的作用下保持静止或匀速直线运动状态。

10. 在共点力作用下物体的平衡条件是合力为0。

11. 超重现象是指物体对支持物的压力大于物体所受重力的现象，反之则为失重现象。

综合考虑以上内容，结合教科书的概念，笔者将本节的主要内容概括如下：

物体在不受力或所受合力为0时保持匀速直线运动或静止状态，所受合力不为0时产生加速度。力的作用总是相互的。运用牛顿运动定律能研究物体受力与运动之间的关系。

五、曲线运动

本节的主旨在于通过对平抛运动和圆周运动的深入分析，讲解曲线运动的研究方法。

首先，从整体上给出了曲线运动的研究方法，即通过平面直角坐标系两个坐标轴上的分矢量表示物体的位移或速度。其次，讲解了曲线运动瞬时速度的方向及其变化，阐明了物体在什么情况下会做曲线运动。再次，进一步深入讲解了两种最典型的曲线运动，即平抛运动和圆周运动，阐明了平抛运动在水平方向和竖直方向上的速度变化规律和位移变化规律，并将其推广到一般的抛体运动。然后，讲解了描述圆周运动的线速度和角速度，建立了匀速圆周运动的模型。最后，通过理论推导给出了匀速圆周运动的向心加速度的方向和大小，并由牛顿第二定律得知了向心力的大小和方向，然后推广到变速圆周运动和一般的曲线运动。对生活中的各种圆周运动现象的分析都是对前面所学概念的应用。

内容展示 曲线运动

1. 可用平面直角坐标系研究物体的曲线运动，用两个坐标轴上的分矢量表示物体的位移或速度。

2. 曲线运动中质点在某一点的速度方向是曲线在这一点的切线方向。

3. 曲线运动是变速运动。

4. 当物体所受合力的方向与它的速度、方向不在同一直线上时，物体做曲线运动。

5. 平抛运动在水平方向为匀速直线运动，在竖直方向为自由落体运动。

6. 平抛运动的轨迹是一条抛物线。

7. 一般的抛体运动水平方向为匀速直线运动，加速度为0；竖直方向只受重力，加速度为g。

8. 圆周运动的快慢可以用物体通过的弧长与所用时间的比值来量度，还可以用它与圆心连线扫过角度的快慢来描述。

9. 匀速圆周运动的线速度大小处处相等，但方向时刻变化，因此它仍是变速运动；匀速圆周运动是角速度不变的圆周运动。

10. 在圆周运动中，线速度的大小等于角速度大小与半径的乘积。

11. 做匀速圆周运动的物体的加速度指向圆心，这个加速度叫作向心加速度。

12. 做匀速圆周运动的物体之所以不沿直线飞出去而沿圆周运动，是因为它受到了向心力的作用；向心力产生向心加速度。

13. 任何一个力或几个力的合力，只要它的作用效果是使物体产生向心加速度，它就是物体所受的向心力。

14. 变速圆周运动既有向心加速度，又有切向加速度。

15. 一般的曲线运动可以采用圆周运动的分析方法来处理。

综合考虑以上内容，结合教科书的概念，笔者将本节的主要内容概括如下：

第一，当物体所受合力的方向与它的速度方向不在同一直线上时，物体做曲线运动。我们可以用平面直角坐标系研究物体的曲线运动。

第二，抛体运动在水平方向为匀速直线运动，竖直方向为加速度为g的匀变速直线运动。

第三，物体之所以能做匀速圆周运动，在于它受到了向心力的作用，向心力产生向心加速度。变速圆周运动既有向心加速度，又有切向加速度。

六、万有引力与航天

本节主要讲解万有引力定律及其在天文学上的应用，并指出经典力学的局限性。

本节讲解了开普勒行星运动第一、第二、第三定律，并将开普勒三大定律与向心力公式相结合推导出了万有引力定律。应用万有引力定律可以计算地球的质量和天体的质量，还能推导出第一宇宙速度的公式和大小。此外，还讲解了第二、第三宇宙速度。最后，指出了牛顿运动定律和万有引力定律的适用范围和局限性。

内容展示　万有引力与航天

1. 所有行星绕太阳运动的轨道都是椭圆，太阳处在椭圆的一个焦点上。

2. 对于任意一个行星来说，它与太阳的连线在相等的时间内扫过相等的面积。

3. 所有行星的轨道半长轴的三次方跟它公转周期的二次方的比值都相等。

4. 自然界中任何两个物体都相互吸引，引力的方向在它们的连线上，其大小与其质量的乘积成正比，与其距离的平方成反比。

5. 第一宇宙速度是物体在地面附近绕地球做匀速圆周运动的速度；第二宇宙速度是克服地球引力，离开地球的速度；第三宇宙速度是挣脱太阳引力，飞到太阳系之外的速度。

6. 经典力学仅适用于低速运动，不适用于高速运动；仅适用于宏观世界，不适用于微观世界。万有引力定律适用于弱引力，不适用于强引力。

综合考虑以上内容，结合教科书的概念，笔者将本节的主要内容概括如下：

第一，自然界中任何两个物体都互相吸引，引力的大小与其质量的乘积成正比，与其距离的平方成反比。

第二，牛顿运动定律和万有引力定律仅适用于低速运动、宏观世界和弱引力的情况。

七、机械振动

本节内容的重点在于对最简单的振动、振动的描述以及振动的性质的讲解。

在教学过程中，首先，以弹簧振子引入最简单、最基本的振动——简谐振动，简谐振动的振动图像是一条正弦曲线。其次，为描述简谐振动，讲解了振幅、周期、频率、相位等物理量，阐述了质点做简谐振动的受力条件（受到与偏离平衡位置位移大小成正比的回复力）以及简谐振动中动能、势能的变化特点，研究了单摆这种生活中常见的振动及其周期。最后，教科书将简谐振动拓展到振动系统受到外力时可能做的阻尼振动、受迫振动和共振。

内容展示 机械振动

1. 在机械运动中，除了平动和转动之外，振动也很常见。然而，振动并不限制于机械运动范围之内，在交流电路中，电流和电压的变化也是一种振动。

2. 弹簧振子是小球和弹簧所组成的系统。

3. 弹簧振子中小球原来静止的位置是平衡位置。

4. 弹簧振子中的小球在平衡位置附近的往复运动是一种机械振动，简称为振动。

5. 如果质点的位移与时间的关系遵守正弦函数的规律，即它的振动图像是一条正弦曲线，这样的振动叫作简谐运动。简谐运动是最简单、最基本的振动，是一种周期性运动，是一种理想化的模型。

6. 振动物体离开平衡位置的最大距离叫作振动的振幅。

7. 简谐运动中，一个完整的振动过程称为一次全振动。

8. 做简谐运动的物体完成一次全振动所需要的时间叫作振动的周期。

单位时间内完成全振动的次数叫作振动的频率。周期和频率都是表示物体振动快慢的物理量。

9. 在物理学中，我们用相位来描述周期性运动在一个运动周期中所处的状态。

10. 如果质点所受的力与它偏离平衡位置位移的大小成正比，并且总是指向平衡位置，质点的运动就是简谐运动。

11. 在振动现象中，总是指向平衡位置，总是要把物体拉回到平衡位置的力称为回复力。

12. 如果摩擦等阻力造成的损耗可以忽略，那么在弹簧振子运动的任意位置，系统的动能与势能之和都是一定的，这与机械能守恒定律相一致。

13. 在由细线和细线悬挂的小球组成的装置中，如果细线的质量与小球相比可以忽略，且小球的直径与线的长度相比也可以忽略，这样的装置叫作单摆，是实际摆的理想化模型。

14. 在摆角很小的情况下，单摆的摆球所受的回复力与它偏离平衡位置的位移成正比，因此单摆做简谐运动。

15. 单摆的周期与振幅、摆球质量无关，与摆长的二次方根成正比。

16. 如果振动系统不受外力的作用，此时的振动叫作固有振动，其振动频率叫作固有频率。

17. 振动系统受到阻尼，振幅减小，这种振幅逐渐减小的振动叫作阻尼振动。

18. 振动系统在驱动力作用下的振动叫作受迫振动。

19. 振动系统做受迫振动的频率总等于周期性驱动力的频率，与系统的固有频率无关。

20. 当驱动力的频率等于系统的固有频率时，受迫振动的振幅最大，这种现象叫作共振。

综合考虑以上内容，结合教科书的概念，笔者将本节的主要内容概括如下：

第一，简谐运动是最简单、最基本的振动，其位移与时间的关系遵守正弦函数的规律。当质点所受回复力与它偏离平衡位置位移的大小成正比时，质点做简谐运动。

第二，简谐运动可以用振幅、周期、频率、相位等物理量来描述。

第三，当振动系统受到外力的作用时，可能做阻尼振动或受迫振动。

八、机械波

本节的主旨在于讲解机械波的形成、传播、能发生的现象及其原理。首先，本节讲解了波动的概念和机械波的概念，区分了横波与纵波并详细阐述了波是如何形成和传播的。其次，为了描述机械波，教科书引入了波的图像、波长、周期、频率等概念。再次，讲解了波特有的现象，即波的衍射、波的叠加、波的干涉和多普勒效应以及发生干涉和衍射的条件。最后，教科书将其上升到原理的高度，用惠更斯原理解释了与波的传播有关的诸多现象，如波的反射、折射和衍射等。

内容展示 机械波

1. 振动的传播称为波动，简称波。

2. 绳、弹簧、水、空气等是波借以传播的物质，叫作介质。

3. 组成介质的质点之间有相互作用，一个质点的振动会引起相邻质点的振动。机械振动在介质中传播，形成了机械波。

4. 机械波传播的是振动这种运动形式。波不但传递能量，而且可以传递信息。

5. 质点的振动方向与波的传播方向相互垂直的波，叫作横波；质点的振动方向与波的传播方向在同一直线上的波，叫作纵波。声波是纵波。

6. （横）波的图像表示的是某个时刻波的形态，即介质中的各个质点在某一时刻的位移。

7. 如果波的图像是正弦曲线，这样的波叫作正弦波，也叫作简谐波。可以证明，当介质中有正弦波传播时，介质的质点在做简谐运动。

8. 在波动中，振动相位总是相同的两个相邻质点间的距离叫作波长。

9. 在波动中，各个质点的振动周期或频率是相同的，它们都等于波源的振动周期或频率，这个周期或频率也叫作波的周期或频率。

10. 机械波在介质中的传播速度为v，该速度由介质本身的性质决定。

11. 波可以绕过障碍物继续传播，这种现象叫作波的衍射。一切波都能发生衍射，衍射是波特有的现象。

12. 只有缝、孔的宽度或障碍物的尺寸跟波长相差不多，或者比波长更小时，才能观察到明显的衍射现象。

13. 几列波相遇时能够保持各自的运动特征，继续传播，在它们重叠的区域里，介质质点的位移等于这几列波单独传播时引起的位移的矢量和。

14. 频率相同的两列波叠加时，某些区域的振幅加大，某些区域的振幅减小，这种现象叫作波的干涉。一切波都能发生干涉，干涉是波特有的现象。

15. 产生干涉的必要条件是：两列波的频率相同，两个波源的相位差保持不变。

16. 波源与观察者互相靠近或者互相远离时，接收到的波的频率都会发生变化，这种现象叫作多普勒效应。

17. 由波源向四周传开的、振动状态相同的点组成的面叫作波面，而与波面垂直的线代表了波的传播方向，叫作波线。

18. 介质中任一波面上的各点，都可以看作是发射子波的波源，其后任意时刻，这些子波在波前进方向的包络面就是新的波面。（惠更斯原理）

19. 利用惠更斯原理可以确定球面波、平面波的传播方向，确定波的反射、折射和衍射后的传播方向。

综合考虑以上内容，结合教科书的概念，笔者将本节的主要内容概括如下：

第一，机械波是机械振动在介质中的传播，传播的是振动这种运动形式。波既传递能量，也传递信息。

第二，机械波可以用波的图像以及波长、周期、频率、波速等来描述。

第三，波能够发生干涉、衍射和多普勒效应。

第四，介质中任一波面上的各点，都可以看作是发射子波的波源，这些子波在波前进方向的包络面就是新的波面。这可以解释多种波动现象中波的传播方向。

九、机械能守恒定律

本节的主旨在于讲解动能、势能的变化规律及其在相互转化过程中所遵循的规律。

首先，本节指出能量是系统的一个定量的性质，其意义在于总量"守恒"，并初步界定了动能和势能的概念。其次，鉴于功的概念在研究能量时的重要性，讲解了功和功率的概念、做功的条件、功和功率的定量计算公式，并在此基础上，推导出了重力势能的表达式、重力做功与重力势能变化的关系、弹性势能的表达式、弹力做功与弹性势能变化的关系、动能的表达式、合外力做功与动能变化的关系（动能定理）。最后，根据这三个"功能关系"，进一步推导出机械能守恒定律及更为普遍的能量守恒定律。

内容展示 机械能守恒定律

1. 势能是相互作用的物体凭借其位置而具有的能量，动能是物体由于运动具有的能量。

2. 人类对于能量及其转化的认识与功的概念密切相关，在一个过程中，如果既存在做功的现象，也存在能量变化的现象，功的计算常常能够为能量的定量表达及能量的转化提供分析的基础。

3. 如果物体在力的作用下，其能量发生了变化，那么这个力一定对物体做了功。

4. 力和物体在力的方向上发生的位移，是做功的两个不可缺少的因素。

5. 力对物体所做的功，等于力的大小、位移的大小、力与位移夹角的余弦这三者的乘积。

6. 力对物体做正功、负功还是不做功，取决于力与位移的夹角。

7. 功率是表示物体做功快慢的物理量。一个力对物体做功的功率等于这个力与受力物体运动速度的乘积。

8. 物体由于被举高而具有重力势能，其大小等于重力与所处高度的乘积。重力势能的数值具有相对性。

9. 物体运动时，重力对它做的功只跟它的起点和终点的位置有关，跟物体运动的路径无关。

10. 重力对物体做的功等于重力势能变化量的负值。

11. 弹力对弹簧所做的功等于弹性势能变化量的负值。

12. 势能是系统内的各物体或物体内的各个部分所共有的。

13. 质量为m的物体，以速度v运动时的动能是E。

14. 动能定理：力在一个过程中对物体做的功等于物体在这个过程中动能的变化。

15. 重力势能、弹性势能与动能之间具有密切的联系，统称为机械能。

16. 在只有重力或弹力做功的物体运动系统内，动能与势能可以互相转化，而总的机械能保持不变。机械能守恒定律是力学中的一条重要定律，是普遍的能量守恒定律的一种特殊情况。

17. 能量既不会凭空产生，也不会凭空消失，它只能从一种形式转化为另一种形式，或者从一个物体转移到另一个物体上，在转化或转移的过程中，能量的总量保持不变。

综合考虑以上内容，结合教科书的概念，笔者将本节的主要内容概括如下：

第一，做功与能量的变化密切相关，功的计算常常能够为能量的定量表达及能量的转化提供分析的基础，功是能量转化的量度。

第二，能量既不会凭空产生，也不会凭空消失，它只能从一种形式转化为另一种形式，或者从一个物体转移到另一个物体上，在转化或转移的过程中，能量的总量保持不变。在只有重力或弹力做功的物体运动系统内，动能与势能可以互相转化，而总的机械能保持不变，即能量守恒定律。

十、动能、动量守恒

本节主旨是讲解碰撞过程中的动量守恒定律及其应用。

本节讲解了动量的概念、动量定理，通过实验探究和理论推导，引入了动量守恒定律，并将其应用到弹性碰撞和非弹性碰撞、对心碰撞和非对心碰撞以及散射中。反冲现象和火箭的飞行也是对动量守恒定律的应用。

内容展示 动能、动量守恒

1. 两个物体碰撞前沿同一直线运动，碰撞后仍沿这条直线运动，这种碰撞叫作一维碰撞。

2. 在物理学中，将物体的质量与速度的乘积定义为物体的动量。动量是矢量，其方向与速度的方向相同。

3. 物体动量的变化率等于它所受的力，即$F=\dfrac{\Delta P}{\Delta t}$，该式是牛顿第二定律的另一种形式。

4. 物理学把力与力的作用时间的乘积叫作力的冲量，反映了力的作用对时间的积累效应。

5. 动量定理，即物体在一个过程始末的动量变化量等于它在这个过程中所受力的冲量。动量定理的物理实质与牛顿第二定律相同，但有时利用动量定理对实际应用会更方便。

6. 碰撞问题的研究对象是两个或多个物体，这两个或多个物体组成了一个力学系统。

7. 碰撞时系统内各物体间的力叫作内力。系统外的物体施加给系统内物体的力叫作外力。

8. 如果一个系统不受外力或者其所受外力的矢量和为0，这个系统的总动量就保持不变。动量守恒定律是一个独立的实验定律，适用于目前为止物理学研究的一切领域，是自然界中普遍应用的规律之一。

9. 如果碰撞过程中机械能守恒，这种碰撞叫作弹性碰撞；如果碰撞过程中机械能不守恒，这种碰撞叫作非弹性碰撞。

10. 两球碰撞之前，球的运动速度与两球心的连线在同一条直线上，碰撞之后两球的速度仍然沿着这条直线，这种碰撞称为对心碰撞。两球碰撞之前，球的运动速度与两球心的连线不在同一条直线上，碰撞之后两球的速度都偏离原来两球心的连线，这种碰撞称为非对心碰撞。

11. 对于对心碰撞和非对心碰撞的问题，都可以应用动量守恒定律来解决。

12. 微观粒子相互接近时并不像宏观物体那样"接触"，因此微观粒子的碰撞又叫作散射。

13. 根据动量守恒定律，如果一个静止的物体在内力的作用下分裂为两个部分，即一部分向某个方向运动，另一部分必然向相反的方向运动，这个现象叫作反冲。

14.喷气式飞机和火箭的飞行应用了反冲的原理。

综合考虑以上内容，结合教科书的概念，笔者将本节的主要内容概括如下：

第一，物体在一个过程始末的动量变化量等于它在这个过程中所受力的冲量即动量定理。

第二，如果一个系统不受外力或者所受外力的矢量和为0，则这个系统的总动量保持不变。动量守恒定律是自然界中普遍应用的规律之一。各种碰撞现象和反冲现象都遵守动量守恒定律。

第二节 高中物理电学概念梳理

一、静电场

本节的主旨在于讲解电荷间的相互作用、静电场的各种基本性质以及带电粒子在电场中的运动。

本节在回顾初中学过的电荷的概念以及两种电荷间的相互作用的基础上，讲解了物体带电的微观本质、使物体带电的三种途径、电荷守恒定律以及库仑定律。电荷之间的作用是通过电场施加的，为了研究电场的性质，教科书讲解了电场强度的概念、点电荷的电场强度、电场强度的叠加、各点电场强度的描述、电场线以及匀强电场的模型。为了研究电场的性质，还在讲解静电力做功的特点和电势能概念的基础上引入了电势的概念、等势面的概念和电势差的概念，并阐明了电势差与静电力做功之间的关系、电势差与电场强度之间的关系。最后，教科书讲解了静电现象的各种应用、电容、电容器以及带电粒子在电场中的加速和偏转等知识。

内容展示 静电场

1. 同种电荷相斥，异种电荷相吸。

2. 摩擦起电的原因是电子的转移。

3. 物体带电的本质是微观带电粒子（如电子）在物体之间或物体内部的转移。

4. 电荷既不会创生，也不会消灭，它只能从一个物体转移到另一个物体，或者从物体的一部分转移到另一部分；在转移的过程中，电荷的总量保持不变。

5. 真空中两个静止点电荷之间的相互作用力，与它们的电荷量的乘积成正比，与它们的距离的二次方成反比，作用力的方向在它们的连线上。库仑定律是电磁学的基本定律之一。任何一个带电体都可以看成是由许多点电荷所组成的。

6. 电荷的周围存在着由它产生的电场，处在电场中的其他电荷受到的作用力就是这个电场给予的。

7. 电场强度是描述电场性质的物理量。电场的作用是可以相互叠加的。

8. 电场线能够简洁、形象地描述电场中各点电场强度的方向和大小。

9. 匀强电场中各点电场强度大小相等，方向相同。

10. 静电力做的功与电荷的起始位置和终止位置有关，但与电荷经过的路径无关。

11. 因为移动电荷时静电力做的功与移动的路径无关，所以电荷在电场中也具有势能，这种势能叫作电势能。（保守力做功都有对应的势能）

12. 静电力做的功等于电势能的减少量。

13. 电荷在某点的电势能等于把它从这点移动到零势能位置时静电力做的功。

14. 电势是电荷在电场中某一点的电势能与它的电荷量的比值，是表征电场性质的重要物理量。沿着电场线方向电势逐渐降低。

15. 电势能和电势大小的确定，首先要选定零电势能点或零电势点。

16. 电场线跟等势面垂直，并且由电势高的等势面指向电势低的等势面。

17. 电势差是电场中两点间电势的差值，电势差与静电力做功之间的关系为 $U_{AB}=\dfrac{W_{AB}}{q}$。

18. 匀强电场中两点间的电势差等于电场强度与这两点沿电场方向的距离的乘积。电场强度在数值上等于沿电场方向每单位距离上降低的电势。

19. 处于静电平衡状态的导体，内部的电场处处为0，电荷只分布在导体的外表面，且整个导体是一个等势体，其外表面附近任何一点的场强方向必定与这点的表面垂直。

20. 电容是表示电容器容纳电荷本领的物理量。

21. 带电粒子在电场中受到静电力的作用，因此要产生加速度，速度的大小和方向都可能发生变化。

综合考虑以上内容，结合教科书的概念，笔者将本节的主要内容概括如下：

第一，物体带电的本质是微观带电粒子在物体间或物体内的转移，转移的过程中电荷的代数和保持不变。

第二，静止的电荷周围产生静电场，电荷之间通过电场发生相互作用，电荷间的作用力遵从库仑定律。

第三，电荷在静电场中会受到静电力且具有电势能，静电场的这些性质可以用电场强度和电势这些物理量来描述。静电力做的功等于电势能的减少量。

二、恒定电流

本节的主旨在于讲解恒定电流形成的原因、服从的规律以及产生的效应。

本节首先讲解了与恒定电流的形成有关的知识，即电源在电路中的作用、电源中非静电力的作用和能量转化、电动势的含义、恒定电场和恒定电流的形成，然后讲解了直流电路的相关规律，即部分电路的欧姆定律，闭合电路的欧姆定律，串联电路和并联电路中的电流、电压和电阻的特点，电阻定律，电功和电功率的计算，焦耳定律。此外，还讲解了电表的改装和多用电表的原理，以巩固欧姆定律和串并联电路的知识。本节最后还讲解了简单的逻辑电路。

内容展示 恒定电流

1. 电源是产生恒定电流的必要条件。

2. 恒定电流的大小和方向都不随时间变化。

3. 电流是表示电流强弱的物理量。

4. 在闭合开关的瞬间，电路中的各个位置迅速建立了恒定电场。在恒定电场中电荷的分布是稳定的，不随时间变化，电场的分布也不随之变化。在恒定电场的作用下，电路中各处的自由电子几乎同时开始定向移动，整个电路也就几乎同时形成了电流。

5. 电源通过非静电力做功，把正电荷从负极搬运到正极，其他形式的能量转化为电荷的电势能。电动势反映了不同电源中非静电力做功本领的不同。

6. 内阻和电动势同为电源的重要参数。

7. 金属导体中的电流跟导体两端的电压成正比，跟导体的电阻成反比。

8. 串联电路各处的电流相等，并联电路的总电流等于各支路电流之和。

9. 串联电路两端的总电压等于各部分电路电压之和，并联电路的总电压与各支路电压相等。

10. 串联电路的总电阻等于各部分电路电阻之和，并联电路总电阻的倒数等于各支路电阻的倒数之和。

11. 电流做功，实质上是导体中的恒定电场对自由电荷的静电力在做功，电流做功的过程就是电势能转化为其他形式能的过程。

12. 电流通过导体产生的热量跟电流的二次方成正比，跟导体的电阻及通电时间成正比。

13. 同种材料的导体，其电阻与它的长度成正比，与它的横截面积成反比。导体电阻还与构成它的材料有关。

14. 在外电路中，电势沿电流方向降低。

15. 闭合电路的电流跟电源的电动势成正比，跟内外电路的电阻之和成反比。

16. 电源的电动势等于内外电路电势降落之和。

17. 门电路是最基本的逻辑电路。"门"是一种开关，在一定条件下它允许信号通过，如果条件不满足，信号就被挡在"门"外。"与"门是具有"与"逻辑关系的电路，"或"门是具有"或"逻辑关系的电路，"非"门是具有"非"逻辑关系的电路。

综合考虑以上内容，结合教科书的概念，笔者将本节的主要内容概括如下：

第一，电源通过非静电力做功，在电路中建立恒定电场，进而形成恒定电流。

第二，在部分电路中，电流跟导体两端电压成正比，与导体电阻成反比；在闭合电路中，电流跟电动势成正比，跟内外电路的电阻之和成反比。

第三，在串联电路和并联电路中，各部分电流的关系、各部分电压的关系、各部分电阻的关系都有所不同。

第四，电流做功时，电势能转化为其他形式的能量，可以全部或部分转化为导体的内能。

三、传感器

本节的主旨在于讲解传感器的定义以及诸多传感器的原理和应用。

具体来看，本节讲解了光敏电阻、热敏电阻、金属热电阻、霍尔元件、常用的力传感器（由金属梁和应变片组成）、温度传感器（双金属片温度传感器和感温铁氧体）、光传感器（发光二极管和光电三极管）的原理和应用。

内容展示 | 传感器

1. 光敏电阻能够把光照强弱这个光学量转换为电阻这个电学量。

2. 热敏电阻或金属热电阻能把温度这个热学量转换为电阻这个电学量。

3. 霍尔元件能够把磁感应强度这个磁学量转换为电压这个电学量。

4. 常用的力传感器是由金属梁和应变片组成的，应变片能够把物体形变这个力学量转换为电压这个电学量。

5. 双金属片温度传感器和感温铁氧体能够感知温度并控制电路的通断。

6. 光电三极管能将光照强弱转换为电阻大小。

综合考虑以上内容，结合教科书的概念，笔者将本节的主要内容概括如下：

传感器这类元件能够感受诸如力、温度、光、声等物理量，并把它们按一定规律转换为便于传送和处理的另一个物理量，或转换为电路的通断。

四、磁场

本节的主旨在于讲解磁场的特点及其描述，以及物体在磁场中的受力和运动。

本节首先讲解了磁性和磁现象，回顾了初中学过的磁极的概念，讲解了电流的磁效应和磁场的概念。为了认识和描述磁场的强弱，引入了磁感应强度的概念，并讲解了其大小和方向；简明地描述了磁场中各点磁感应强度的大小和方向，讲解了直线电流、环形电流和螺线管电流产生的磁场的磁感线方向各自不相同的判断方法。在此基础上，还建立了匀强磁场的模型和磁通量的概念。除纯粹描述磁场之外，教科书还讲解了物体在磁场中受到的力及其表现，讲解了安培力、洛伦兹力的大小和方向及其判断方法，讲解了带电粒子在匀强磁场中运动的特点、规律及其应用。

内容展示 磁场

1. 磁性是永磁体吸引铁质物体的性质，磁体中磁性最强的区域叫磁极。

2. 磁体之间、磁体与通电导体之间以及通电导体与通电导体之间的相互作用是通过磁场发生的。

3. 磁感应强度是描述磁场强弱的物理量，其方向是某点的小磁针静止时北极所指的方向，其大小等于单位电流元在磁场中受到的力。

4. 利用磁感线可以形象地描述磁场，磁感线上每一点的切线方向都跟这点的磁感应强度的方向一致。

5. 直线电流、环形电流和通电螺线管所产生磁场的磁感线方向都可以用安培定则表示。

6. 磁通量反映了穿过某一面积的磁场及其变化。

7. 通电导线在磁场中会受到安培力，安培力方向可以用左手定则判定，其大小为 $F=BIL\sin\alpha$。

8. 运动电荷在磁场中受到的力称为洛伦兹力，通电导线在磁场中受到的安培力实际是洛伦兹力的宏观表现。

9. 可以用左手定则判定电荷所受洛伦兹力的方向，其大小为 $F=Bqv\sin\alpha$。

10. 洛伦兹力不对带电粒子做功，不改变其速度的大小。

11. 沿着与磁场垂直的方向射入磁场的带电粒子，在匀强磁场中做匀速圆周运动。

综合考虑以上内容，结合教科书的概念，笔者将本节的主要内容概括如下：

第一，磁体之间、磁体与通电导体之间、通电导体与通电导体之间的相互作用是通过磁场发生的，可以用磁感线形象地描述磁场，用磁感应强度描述磁场的强弱。

第二，通电导线在磁场中会受到安培力，运动电荷在磁场中会受到洛伦兹力。安培力是洛伦兹力的宏观表现。

五、电磁感应

本节的主旨在于讲解电磁感应现象的基本原理以及电磁感应现象的诸多表现形式。

本节首先讲解了奥斯特发现电流磁效应和法拉第发现电磁感应现象的科学史，然后讲解了产生感应电流的条件（磁通量的变化）、感应电流方向的判断方法（楞次定律和右手定则）、感应电动势大小的影响因素以及产生感应电动势的两种情况。此外，还讲解了更多的电磁感应现象，如反电动势、互感、自感、涡电流。最后讲解了电磁阻尼和电磁驱动的现象。

📑 内容展示 电磁感应

1. 只要穿过闭合导体回路的磁通量发生变化，闭合导体回路中就有感应电流。

2. 感应电流具有这样的方向，即感应电流的磁场总要阻碍引起感应电流的磁通量的变化。

3. 可以用右手定则判定导线切割磁感线时感应电流的方向。

4. 闭合电路中感应电动势的大小，跟穿过这一电路的磁通量的变化率成正比。

5. 电动机转动时，线圈中产生的反电动势总要削弱电源电动势的作用。

6. 磁场变化时会在空间激发感生电场，由此产生感应电动势。导体切割磁感线的运动也会产生感应电动势。

7. 互感现象是一种常见的电磁感应现象。当一个线圈中的电流变化时，它所产生的变化的磁场会在另一个线圈中产生感应电势（互感），也会对它本身激发出感应电动势（自感）。

8. 在电流随时间变化的线圈附近的任何导体中都会产生涡电流。

9. 当导体在磁场中运动时，感应电流会使导体受到安培力，安培力的方向总是阻碍导体的运动。如果磁场相对于导体转动，导体中产生的感应电流会使导体受到安培力的作用，安培力则可使导体运动起来。

综合考虑以上内容，结合教科书的概念，笔者将本节的主要内容概括如下：

第一，闭合回路中磁通量的变化会产生感应电动势并进而产生感应电流，感应电流产生的磁场总要阻碍引起感应电流的磁通量的变化。

第二，当一个线圈中的电流变化时，它所产生变化的磁场会在另一个线圈中以及这个线圈中产生感应电动势，还会使附近的导体产生涡电流。

六、交变电流

本节的主要目的在于讲解交变电流的产生、变化规律和描述的方法。

本节讲解了交变电流的定义，产生交变电流的原理，交变电流和电压随时间变化的规律，描述交变电流的各种物理量，如周期、频率、峰值、有效值、相位、相位差；讲解了电感和电容对交变电流的阻碍作用；还讲解了变压器的工作原理、变压的规律以及电能的输送。

内容展示 交变电流

1. 交变电流随时间做周期性变化。

2. 正弦式电流是最简单、最基本的交变电流，按照正弦函数的规律变化。

3. 交变电流完成一次周期性变化所需的时间是它的周期，在单位时间内完成周期性变化的次数叫作它的频率。

4. 交变电流的峰值I_{max}或U_{max}，是它能达到的最大数值，可用来表示电流的强弱或电压的高低。

5. 对于大小相同的电阻来说，交变电流的有效值与交变电流在一个周期内产生的热量相等。

6. 电感器对交变电流有阻碍作用，感抗表示电感器对交变电流的阻碍作用的大小。

7. 交变电流能够通过电容器，但电容器对交变电流有阻碍作用，阻碍作用的大小用容抗表示。

8. 互感是变压器工作的基础，变压器原、副线圈的电压之比等于两个线圈的匝数之比。

9. 在输电过程中减少电能损失的主要途径是提高输电电压。

综合考虑以上内容，结合教科书的概念，笔者将本节的主要内容概括如下：

第一，交变电流由交流发电机通过电磁感应而产生，正弦式电流是最基本的交变电流，其电流按照正弦函数的规律变化。

第二，可以用交变电流的周期、频率、相位、瞬时值、峰值、有效值等物理量来描述交变电流。

第三，电感和电容都对交变电流有阻碍作用。

七、电磁波

本节的主要目的在于让学生定性地理解麦克斯韦电磁场理论的基本观点和电磁波的特点、产生及其应用。

本节定性地讲解了麦克斯韦电磁场理论的基本观点、电磁波的基本特点、电磁波谱的概念以及各个波段电磁波的特点。本节还详细阐述了电磁振荡的产生、电磁波的发射和接收应满足的条件和具体的方法（含调制和解调）以及电磁波在电视、雷达、移动电话和因特网中的应用。

内容展示 电磁波

1. 麦克斯韦原理：变化的磁场产生电场，变化的电场产生磁场；均匀变化的磁场产生稳定的电场，均匀变化的电场产生稳定的磁场；周期性变化的电场产生同频率的磁场，周期性变化的磁场产生同频率的电场。周期性变化的电场和周期性变化的磁场交替产生，由近及远地向外传播，形成电磁波。

2. 电磁波是横波，其传播速度等于光速。

3. 大小和方向都做周期性迅速变化的电流，叫作振荡电流；产生振荡电流的电路，叫作振荡电路。

4. 在LC振荡电路中电容不断充电和放电的过程中，电容器极板上的电荷量q、电路中的电流I、电容器里的电场强度E、线圈里的磁感应强度B都在周期性地发生变化，这种现象就是电磁振荡。

5. 电磁振荡完成一次周期性变化需要的时间叫作周期，1 s内完成周期性变化的次数叫作频率。电磁振荡时，若没有能量损失，也不受外界影响，这时电磁振荡的周期和频率叫作振荡电路的固有周期和固有频率。

6. LC振荡电路的周期与自感系数、电容的关系为$T=2\pi\sqrt{LC}$。

7. 要有效地发射电磁波，振荡电路必须要有足够高的频率，其电场和磁场必须分散到尽可能大的空间。

8. 在电磁波发射技术中，使电磁波随各种信号改变的技术叫作调制。使高频电磁波的振幅随信号的强弱而变的调制方法叫作调幅，使高频电磁波的频率随信号的强弱而变的调制方法叫作调频。

9. 在无线电技术里，利用电谐振可以接收特定的电磁波。当接收电路的固有频率跟收到的电磁波的频率相同时，接收电路中产生的振荡电流最强，这种现象叫电谐振现象。使接收电路产生电谐振的过程叫作调谐。

10. 调谐电路接收到的是经过调制的高频电流，使声音或图像信号从高频电流中还原出来的过程叫作解调。

11. 电磁波的发现实现了无线通信，电视、雷达、移动电话、因特网都利用了电磁波的发射与接收原理。

12. 电磁波的频率范围很广。无线电波、红外线、可见光、紫外线、X射线、r射线都是电磁波。按电磁波的波长或频率大小的顺序把它们排列成谱，叫作电磁波谱。

13. 不同电磁波由于具有不同的波长和频率，才具有不同的特性。

14. 电磁波是运动中的电磁场，它可以传递能量。

综合考虑以上内容，结合教科书的概念，笔者将本节的主要内容概括如下：

第一，电磁波是运动中的电磁场，它可以传递能量。电磁波是横波，其传播速度等于光速。电磁波的频率范围很广，无线电波、红外线、可见光、紫外线、X射线、r射线都是电磁波。不同电磁波由于具有不同的波长和频率，才具有不同的特性。

第二，变化的磁场产生电场，变化的电场产生磁场。周期性变化的电场和周期性变化的磁场交替产生，由近及远地向外传播，形成电磁波。振荡电路中发生的电磁振荡能产生变化的电磁场并实现电磁波的发射。为利用电磁波发射和接收信号，需要对电磁波进行调制和解调。

第三节　高中物理热学概念梳理

一、分子动理论

本节的主旨在于让学生在初中学习的基础上进一步深入地理解分子动理论的内容。

本节讲解了分子动理论的基本内容，并从能量的角度讲解了分子动能、分子势能和内能的概念以及温度与分子动能的关系、分子间距离与分子势能的关系；讲解了热力学系统的状态参量、平衡态、热平衡的概念以及热平衡与温度的关系、定量地描述温度的方法——热力学温标和摄氏温标。

内容展示　分子动理论

1. 物体是由大量分子组成的。

2. 除一些有机物质的大分子外，多数分子大小的数量级为 10^{-10} m。

3. 一切物质的分子都在不停地做无规则的运动，即热运动。

4. 扩散是由物质分子的无规则运动产生的，是物质分子永不停息地做无规则运动的证明。

5. 布朗运动是由液体分子不停地做无规则运动并撞击微粒造成的。微粒运动的无规则性间接反映了液体分子运动的无规则性。

6. 分子的无规则运动与温度有关，温度越高，分子的无规则运动越激烈。

7. 两个邻近的分子之间同时存在着引力和斥力，引力和斥力的大小跟分子间的距离有关。

8. 物体是由大量分子组成的，分子在做永不停息的无规则运动，分子之间存在着引力和斥力。热学研究中常以这样的基本图像为出发点，把物质的热学性质和规律看作是微观粒子热运动的宏观表现。

9. 系统的状态参量是为了确定系统的状态需要用到的一些物理量。

10. 系统内各部分的状态参量都达到稳定，不再变化，这种情况下系统达到了平衡态。

11. 两个系统相互接触而传热，一段时间后，它们的状态参量不再变化，两个系统对于传热来说达到热平衡。

12. 如果两个系统分别与第三个系统达到热平衡，那么这两个系统彼此之间也必定处于热平衡状态，这个结论称为热平衡定律。

13. 温度是表征处于热平衡的两个系统的共同热学性质的物理量，即温度是决定一个系统与另一个系统是否达到热平衡状态的物理量。

14. 温标是定量地描述温度的一种方法。

15. 做热运动的分子具有的动能是分子动能，物质的温度是其分子热运动平均动能的标志。

16. 分子力做功与路径无关，因而分子组成的系统具有分子势能，其大小由分子间的相互位置决定。（如果客观物体之间存在引力或斥力，它们组成的系统就具有势能，势能是由物体间的相互位置决定的。）

17. 内能是物体中所有分子的热运动动能与分子势能的总和。

综合考虑以上内容，结合教科书的概念，笔者将本节的主要内容概括如下：

第一，物体由大量分子组成，分子在永不停息地做无规则的运动；分子之间存在引力和斥力，分子具有动能和势能；物质中所有分子的动能和势能之和为内能；温度是物质分子热运动平均动能的标志。

第二，热力学系统由大量分子组成。当两个系统对于传热来说达到平衡时，它们具有相同的温度。

二、气体

本节的主要目的在于讲解气体的实验定律及其微观解释。

本节讲解了气体在等温变化、等容变化和等压变化的情况下分别遵从的玻意耳定律、查理定律、盖吕萨克定律，讲解了理想气体的状态方程。从随机事件和统计规律的概念入手，阐明了气体分子运动的特点，解释了气体温度和压强的微观意义，并用分子动理论解释了气体的实验定律。

内容展示 气体

1. 一定质量的某种气体，在温度不变的情况下，其压强随体积的变化称为等温变化。

2. 一定质量的某种气体，在温度不变的情况下，压强与体积成反比。

3. 一定质量的某种气体等温变化的$p-V$图线称为等温线。

4. 一定质量的某种气体，在体积不变时，压强随温度的变化叫作等容变化。在压强不变时，体积随温度的变化叫作等压变化。

5. 查理定律：一定质量的某种气体，在体积不变的情况下，压强与热力学温度成正比。

6. 盖吕萨克定律：一定质量的某种气体，在压强不变的情况下，其体积与热力学温度成正比。

7. 为了研究方便，可以设想一种气体，在任何温度、任何压强下都遵从气体实验定律，这样的气体是理想气体。

8. 一定质量的某种理想气体，在从状态1变化到状态2时，尽管其p、

V、T都可能改变，但压强跟体积的乘积与热力学温度的比值保持不变。理想气体状态方程给出了两个状态间的联系，并不涉及气体从一个状态到另一个状态的具体方式。

9. 在一定条件下，某事件可能出现，也可能不出现，这个事件叫作随机事件。

10. 大量随机事件的整体会表现出一定的规律性，这种规律就是统计规律。

11. 气体分子间距为分子直径的10倍左右，分子间的相互作用力很弱，气体分子除碰撞外，不受力而做匀速直线运动，所以气体能充满它能达到的整个空间。

12. 气体分子之间碰撞频繁，每个分子的速度大小和方向在频繁地改变，在某时刻，向各个方向运动的气体分子数目都相等。

13. 温度是分子平均动能的标志。

14. 气体对容器的压强是大量气体分子对容器的碰撞引起的，其大小跟两个因素有关：一是气体分子的平均动能，一是分子的密集程度。

15. 可以用分子动理论很好地解释气体的实验定律。

综合考虑以上内容，结合教科书的概念，笔者将本节的主要内容概括如下：

第一，气体的三个状态参量温度、体积、压强之间存在一定的关系，它们在一定条件下遵从气体的实验定律和理想气体的状态方程。

第二，气体易压缩、能充满整个空间，气体的温度、压强，气体实验定律等热现象和规律是大量气体分子热运动的宏观表现，可运用分子动理论很好地解释。

三、固体、液体和物态变化

本节的主旨在于从微观的角度解释固体、液体的性质和物态变化。

75

本节首先讲解了晶体和非晶体在形状和物理性质上的不同，并从微观结构的角度指出了这些不同的根源，从微观结构上解释了液体不易压缩、可流动的性质，液体的表面张力，浸润和不浸润现象以及毛细现象。在物态变化方面，讲解了汽化过程中的饱和汽、饱和气压、空气湿度的概念，熔化热、汽化热的概念以及熔化吸热和汽化吸热的微观机制。

🄸 内容展示 固体、液体和物态变化

1. 晶体有确定的几何形状，有确定的熔点，具有各向异性；非晶体没有确定的几何形状，没有确定的熔点，具有各向同性。总之，晶体的形状和物理性质与非晶体不同。

2. 在各种晶体中，原子（或分子、离子）都按照一定的规则排列，具有空间上的周期性。

3. 液体分子间的距离比气体分子间的距离要小得多，液体分子间的相互作用力比固体分子间的作用力要小。

4. 液体表面张力使液体的表面绷紧。它产生的机制是，液体表面层中的分子间距离大于0，分子间的作用表现为相互吸引。

5. 浸润和不浸润也是分子力作用的表现，取决于附着层内液体分子间的距离。

6. 一种液体会润湿某种固体并附着在固体的表面上，这种现象叫作浸润。

7. 浸润液体在细管中上升的现象以及不浸润液体在细管中下降的现象，称为毛细现象。

8. 毛细现象在本质上也是液体内分子力的表现。

9. 液晶这类有机化合物像液体一样具有流动性，而其光学性质与某些晶体相似，具有各向异性。

10. 沸点与大气压有关，大气压较高时沸点也较高。

11. 与液体处于动态平衡的蒸汽叫作饱和汽。

12. 在一定温度下，饱和汽的分子数密度是一定的，因而饱和汽的压强也是一定的，这个压强叫作液体的饱和气压。

13. 饱和气压随温度而改变。

14. 影响蒸发快慢以及影响人们对干爽与潮湿感受的因素，不是空气中水蒸气的绝对数量，而是空气中水蒸气的绝对压强与同一温度下水的饱和气压之间的差距。

15. 空气中水蒸气的压强与同一温度时水的饱和气压之比是空气的相对湿度。

16. 某种晶体熔化过程中所需的能量与其质量之比，称作这种晶体的熔化热。

17. 熔化吸热的原因在于，当固体温度升高到一定程度时，一部分分子的能量足以摆脱其他分子的束缚，从而可以在其他分子间移动，于是固体开始熔化。

18. 液体汽化吸热的原因在于，液体分子离开液体表面要克服其他液体分子的吸引而做功，体积膨胀时也要克服外界气压而做功，因而需要吸收能量。

19. 某种液体汽化成同温度的气体时所需要的能量与其质量之比，叫作这种物质在这个温度下的汽化热。

综合考虑以上内容，结合教科书的概念，笔者将本节的主要内容概括如下：

第一，晶体和非晶体在形状和物理性质上的不同是由于它们的微观结构不同。

第二，液体具有不易压缩、可流动的性质。液体具有的表面张力以及浸润和不浸润、毛细现象等都可以用液体分子间的距离和作用力加以解释。

第三，物质的气态、液态、固态在一定条件下会相互转变，转变的过程中会发生能量的交换。这些可以用分子的运动及分子间相互作用的理论加以解释。

四、热力学定律

本节的主要目的在于讲解热力学的第一定律和第二定律。

本节阐明了绝热过程中外界对系统做功的量与内能变化量的关系和单纯的传热过程中传递的热量与内能变化的关系。在指出两者的等价性的基础上给出了热力学第一定律，并上升为能量守恒定律。永动机不可能制成的事实促成了能量守恒定律的建立。教科书还讲解了热力学第二定律的两种表述，在宏观态、微观态、有序和无序等概念的基础上进一步讲解了热力学第二定律的微观意义，并由此指出了一些能量转化过程属于能量耗散和品质降低，说明节约能源和开发新能源的必要性。

内容展示 热力学定律

1. 系统只由于外界对它做功而与外界交换能量，不从外界吸热，也不向外界放热，这样的过程叫作绝热过程。

2. 要使系统状态通过绝热过程发生变化，做功的数量只由过程始末的两个状态决定，而与做功的方式无关。

3. 内能是热力学系统中存在的只依赖于系统自身状态的物理量，内能在两个状态间的差别与外界在绝热过程中对系统做的功相联系（$\Delta U=W$）。

4. 不仅对系统做功可以改变系统的热力学状态，单纯地对系统传热也能改变系统的热力学状态。为改变系统的状态，做功和传热这两种方法是等价的。

5. 热量是在单纯的传热过程中系统内能变化的量度（$\Delta U=Q$）。

6. 一个热力学系统的内能增量等于外界向它传递的热量与外界对它做的功的和（$\Delta U=Q+W$）。

7. 能量既不会凭空产生，也不会凭空消失，它只能从一种形式转化为另一种形式，或者从一个物体转移到另一个物体，在转化或转移的过程中，能量的总量保持不变。

8. 以焦耳的实验为基础的热力学第一定律，实际上就是内能与其他能量发生转化时的能量守恒定律。

9. 永动机不可能制成的事实促成了能量守恒定律的建立。

10. 一切与热现象有关的宏观自然过程都有特定的方向性，都是不可逆的。

11. 热力学第二定律是反映宏观自然过程方向性的定律。

12. 热量不能自发地从低温物体传到高温物体。

13. 热机在工作过程中必然排出部分热量，不可能从单一热库吸收热量，使之完全变成功，而不产生其他影响。热力学第二定律的开尔文表述阐述了机械能与内能转化的方向性。

14. 热力学第二定律的两种表述是等价的，可以从其中一种表述推导出另一种表述。宏观过程的不可逆性都是相互关联的，由一种过程的不可逆性可以导出另一过程的不可逆性。

15. 有序和无序是相对的。无序意味着各处都一样、平均、没有差别。

16. 系统的宏观态所对应的微观态的多少表现为宏观态的无序程度，同时也决定了宏观过程的方向性。

17. 一切自发过程总是沿着分子热运动的无序性增大的方向进行。

18. 在任何自然过程中，一个孤立系统的总熵不会减小。

19. 从微观的角度看，热力学第二定律是一个统计规律。

20. 机械能、电能、化学能等有序程度较高的能量转变为环境的内能的过程叫作"能量耗散"。能量耗散不会使能量的总量减少，却会导致能量品质的降低。

21. 能源科技的突破经常能带来生产力的巨大飞跃和社会的进步。

22. 化石能源的资源有限，而且对环境有很大的破坏。

综合考虑以上内容，结合教科书的概念，笔者将本节的主要内容概括如下：

第一，对系统做功和对系统传热都可以改变系统的内能，两种方法是等价的。内能增量等于外界对系统做的功与传递的热量之和。

第二，一切与热现象有关的宏观自然过程都有特定的方向性。一切自发过程总是沿着分子热运动的无序性增大的方向进行，即热现象的单向性。

第三，能量耗散过程不会使能量的总量减少，却会导致能量品质的降低，因此要节约能源。

第四节 高中近代物理概念及光学概念梳理

一、原子结构

本节的主旨在于讲解人类探索原子结构的历程并使学生初步掌握原子的结构。

本节讲解了汤姆孙通过对阴极射线的研究发现了电子，而电子是原子的组成部分。讲解了卢瑟福对 α 粒子散射实验的研究，由此给出了原子的核式结构模型、原子核的电荷数和尺度，指出了经典物理学在解释原子稳定性和氢原子光谱上存在困难，由此引入了波尔的原子结构假说，即轨道量子化和定态、频率条件，指出了波尔模型的局限性并讲解了电子云的概念。

内容展示 原子结构

1. 管壁上的荧光是由于玻璃受到阴极发出的某种射线的撞击而引起的，即阴极射线。

2. 组成阴极射线的粒子是电子。电子是原子的组成部分，是比原子更基本的物质单元。

3. 根据原子的核式结构模型，原子中带正电的原子核体积很小，几乎占有全部质量，电子在正电体的外面运动。

4. 原子是由带电荷+Ze的核与核外Z个带负电的电子组成的（Z是原子序数），原子核由质子和中子组成，原子核的电荷数就是核中的质子数。

5. 用光栅或棱镜可以把各种颜色的光按波长展开，获得光的波长（频率）和强度分布的记录，即光谱。有些光是一条条的亮线，这样的光谱叫作线状谱；有的光谱是连在一起的光带，这样的光谱叫作连续谱。

6. 各种原子的发射光谱都是线状谱，说明原子只能发出几种特定频率的光。不同原子的亮线位置不同，说明不同原子的发光频率是不一样的，因此，这些亮线称为原子的特征谱线。光谱研究是探索原子结构的一条重要途径。

7. 氢原子光谱在可见光区有四条分立的线状光谱，其波长能够用巴尔末公式表示。

8. 经典物理学既无法说明原子的稳定性，又无法解释原子光谱的分立特征。

9. 电子的轨道是量子化的，在这些轨道上的转动是稳定的，不产生电磁辐射。

10. 原子的能量是量子化的，这些量子化的能量值叫作能级。原子中这些具有确定能量的稳定状态，称为定态，能量最低的状态叫作基态，其他的状态叫作激发态。

11. 当电子从能量较高的定态轨道跃迁到能量较低的轨道时，会放出光子，其能量由前后两个能级的能量差决定。

12. 波尔理论（波尔的原子结构假说）能够很好地解释氢原子光谱的实验规律，但无法解释氦原子及更复杂的原子的光谱，其不足之处在于保留了经典粒子的观念，仍然把电子的运动看作是经典力学描述下的轨道运动。

13. 不同原子的能级各不相同，辐射（或吸收）的光子的频率也不相同，因此，不同元素的原子具有不同的特征谱线。（根据波尔理论）

14. 不能把电子的运动看作是一个具有确定坐标的质点的轨道运动，

只能说某时刻电子在某点附近单位体积内出现的概率是多少。

15. 电子云是用疏密不同的小点表示电子在各个位置出现概率的图。

综合考虑以上内容，结合教科书的概念，笔者将本节的主要内容概括如下：

第一，原子是由带正电的原子核和带负电的电子组成的，原子核体积很小，但几乎占有全部质量，电子在核外运动。

第二，电子的轨道是量子化的，在这些轨道上的转动是稳定的，不产生电磁辐射。原子的能量也是量子化的，电子跃迁时放出的光子的能量由两能级的能量差决定。但实际上电子并没有确定的轨道，在核外任何地方都可能出现，只是出现的概率不同。

二、原子核

本节的主旨在于讲解原子核的结构、变化及能量的释放。

本节讲解了天然放射现象、天然放射现象中三种射线的本质和特点，它们说明了原子核内部是有结构的，强子、轻子、媒介子的知识也说明了原子核的复杂结构。讲解了原子核的组成、核力的概念、质子与中子的比例对原子核稳定的影响、衰变的概念、衰变的规律和微观本质、半衰期的概念，还讲解了射线的探测方法、应用与防护。这些内容都涉及原子核的天然的变化。在原子核的人工变化和能量释放方面，讲解了核反应的概念和规律、结合能、比结合能、质量亏损、核裂变及能量的释放与核聚变及能量的释放。

📖 **内容展示** 原子核

1. 物质发射射线的性质称为放射性，具有放射性的元素称为放射性元素。

2. 放射性元素自发地发出射线的现象叫作天然放射现象。

3. α射线是高速粒子流，粒子是氦原子核；β射线是高速电子流；γ射线是能量很高、波长很短的电磁波。α射线、β射线、γ射线的电离能力依次减弱，穿透能力依次增强。

4. 天然放射现象不受放射性元素化学性质的影响，因此射线来自原子核，与电子无关，说明原子核内部是有结构的。

5. 质子和中子都是原子核的组成部分，统称为核子。

6. 原子核所带的电荷总是质子电荷的整数倍，通常用这个整数表示原子核的电荷量，叫作原子核的电荷数；原子核的质量几乎等于单个核子质量的整数倍，叫作原子核的质量数。

7. 具有相同质子数而中子数不同的原子核，在元素周期表中处于同一位置，互称同位素。

8. 原子核放出α粒子或β粒子，变成另一种原子核，这种变化称为原子核的衰变。

9. 原子核衰变时电荷数和质量数都守恒。

10. 2个中子和2个质子能十分紧密地结合在一起，在一定条件下它们会作为一个整体从较大的原子核中被抛射出来，于是放射性元素发生了α衰变。

11. β衰变的实质在于核内的中子转化成了一个质子和一个电子。

12. 放射性的原子核发生α衰变、β衰变时，产生的新核处于高能级，这时它要向低能级跃迁，能量以γ光子的形式辐射出来。因此，γ射线常伴随α射线、β射线而产生。

13. 放射性元素的原子核有半数发生衰变所需的时间，叫作这种元素的半衰期。半衰期表示放射性元素衰变的快慢，描述的是统计规律，是由核内部自身的因素决定的，跟原子所处的化学状态和外部条件没有关系。

14. 射线中的粒子与其他物质作用时产生的现象会显示射线的存在，可以用这些现象来探知射线和各种运动的粒子。

15. 原子核在其他粒子的轰击下产生新原子核的过程，称为核反应。在核反应中，质量数守恒，电荷数守恒。

16. 有些同位素具有放射性，叫作放射性同位素。放射性同位素在工业、农业、医疗以及科学研究等诸多方面都有广泛的应用。

17. 人类一直生活在放射性的环境中，过量的射线对人体组织有破坏作用。

18. 原子核里的核子间存在核力，核力把核子紧紧地束缚在核内，形成稳定的原子核。

19. 原子核内存在弱相互作用，弱相互作用是引起原子核β衰变的原因。

20. 自然界中较轻的原子核，质子数和中子数大致相等，但较重的原子核，中子数大于质子数，这一现象能够用核力与电磁力的不同特点来解释。

21. 原子核是核子凭借核力结合在一起构成的，要把它们分开，也需要能量，即结合能。

22. 原子核的结合能与核子数之比称作比结合能，比结合能越大，原子核中核子结合得越牢固，原子核越稳定。中等大小的核的比结合能最大（平均每个核子的质量亏损最大），这些核最稳定。

23. 原子核的质量小于组成它的核子的质量之和，这个现象叫作质量亏损。质量亏损表明的确存在着原子核的结合能。

24. 铀核被中子轰击后分裂成两块差不多的碎块，这类核反应称为原子核的裂变。

25. 由重核裂变产生的中子使裂变反应一代接一代继续下去的过程，叫作核裂变的链式反应。铀块的大小是链式反应能否进行的重要因素。

26. 原子核的链式反应可以在人工控制下进行，释放的核能就可以为人类的和平建设服务。

27. 两个轻核结合成质量较大的核，这样的核反应称为聚变，聚变中会释放能量。实现受控核聚变还有很长的一段路要走。

28. 质子、中子、电子都不是组成物质的不可再分的最基本的粒子，其本身也有复杂的结构。此外，科学家们还发现了数以百计的不同种类的新粒子。

29. 按照粒子与各种相互作用的不同关系，可以将粒子分为三大类：强子、轻子和媒介子。

30. 强子是有内部结构的，根据夸克模型，强子是由夸克组成的，夸克有很多种，所带的电荷分别为元电荷的 $+\dfrac{2}{3}$ 或 $-\dfrac{1}{3}$。

31. 研究微观世界的粒子物理、量子理论，与研究宇宙的理论相互沟通、相互支撑。

综合考虑以上内容，结合教科书的概念，笔者将本节的主要内容概括如下：

第一，天然放射现象说明原子核是有结构的，原子核由质子和中子组成，它们本身也有复杂的结构。

第二，伴随天然放射现象的是原子核放出 α 粒子或 β 粒子而发生的衰变，其快慢可以用半衰期来表示。

第三，原子核里的核子间存在核力，把核子紧紧地束缚在核内，形成稳定的原子核。要把核子分开，需要能量。中等大小的核的比结合能最大，这些核最稳定。重核裂变和轻核聚变会使核子的比结合能增加，导致能量的释放。

三、相对论

本节的主要目的在于讲解狭义相对论和广义相对论的基本假设和结论。

本节通过回顾科学史讲解了相对论产生的思想背景，在引入狭义相对论的两个基本假设的基础上，讲解了"同时"的相对性、长度的相对性、时间间隔的相对性、相对论的速度变换、相对论的质量变换、质能方程等结论并建立了相对论的时空观，阐述了广义相对论的基本假设并讲解了广义相对论的几个结论。

内容展示 | 相对论

1. 如果牛顿运动定律在某个参考系中成立，这个参考系就叫作惯性系。相对一个惯性系做匀速直线运动的另一个参考系也是惯性系。

2. 伽利略相对性原理：力学规律在任何惯性系中都是相同的。

3. 在不同的惯性参考系中，一切物理规律都是相同的。

4. 真空中的光速在不同的惯性参考系中都是相同的。

5. 一个"事件"指某一时刻在空间某一位置发生了某一件事。

6. 两个事件是否同时发生是相对的，在不同的参考系中观察所得的结论不同。

7. 一条沿自身长度方向运动的杆，其长度总比杆静止时的长度小。

8. 某两个事件的时间间隔是相对的，在不同的参考系中所得的结论不同。

9. 经典物理学认为，空间和时间是脱离物质而存在的，是绝对的，空间与时间之间也是没有联系的。相对论则认为空间和时间与物质的运动状态有关。

10. 物体高速运动时，经典物理学中的速度变换法则不再适用，物体的速度变换遵循相对论速度变换公式。

11. 物体运动时的质量总要大于静止时的质量。

12. 爱因斯坦质能方程：$E=mc^2$。

13. 在任何参考系中，物理规律都是相同的，即广义相对性原理。

14. 一个均匀的引力场与一个做匀加速运动的参考系等价，即等效原理。

15. 物质的引力使光线弯曲。

16. 引力场的存在使空间不同位置的时间进程出现差别。

综合考虑以上内容，结合教科书的概念，笔者将本节的主要内容概括如下：

第一，经典物理学认为，空间和时间是脱离物质而存在的，是绝对的。狭义相对论以狭义相对性原理和光速不变原理为基本假设，认为空间和时间与物质的运动状态有关。

第二，广义相对论以广义相对性原理和等效原理为基本假设，认为引力场能使光线弯曲，并能使空间不同位置的时间进程出现差别。

四、波粒二象性

本节的主要目的在于通过讲解黑体辐射、光电效应、康普顿效应的实验规律，确立光和实物粒子的波粒二象性。

本节首先讲解了黑体、黑体辐射的概念以及黑体辐射的规律，指出经典电磁学理论无法解释黑体辐射的规律。讲解了能量子的概念以及普朗克的假说，即振动着的带电微粒的能量只能是某一最小能量值的整数倍。当带电微粒辐射或吸收能量时，也是以这个最小能量值为单位一份一份地辐射或吸收的。教科书进一步讲解了光电效应的实验规律，指出光的电磁理论无法很好地解释光电效应，由此引出了爱因斯坦的光量子理论和爱因斯坦光电效应方程。康普顿效应的引入和光电效应一起论证了光的粒子性。在这些发现的基础上，教科书阐明了光的波粒二象性和粒子的波动性，并讲解了经典物理学中粒子运动和波动的基本特征，指出光波和德布罗意波都是概率波。最后讲解了不确定性原理与波粒二象性一起构成量子力学的基础。

内容展示 波粒二象性

1. 我们周围的一切物体都在辐射电磁波，这种辐射与物体的温度有关，所以叫作热辐射。

2. 辐射强度按波长的分布情况随物体的温度而有所不同，这是热辐射的一个特性。

3. 如果某种物体能够完全吸收入射的各种波长的电磁波而不发生反射，这种物体就是绝对黑体，简称黑体。

4. 黑体辐射电磁波的强度按波长的分布只与黑体的温度有关。

5. 黑体辐射的实验规律是，随着温度的升高，各种波长的辐射强度都有所增加，辐射强度的极大值向波较短的方向移动。

6. 普朗克认为，振动着的带电微粒的能量只能是某一最小能量值 ε 的整数倍。当带电微粒辐射或吸收能量时，也是以这个最小能量值为单位一份一份地辐射或吸收的。这个不可再分的最小能量值 ε 叫作能量子（ $\varepsilon = h\nu$ ），即普朗克的假设认为微观粒子的能量是量子化的，或说微观粒子的能量是分立的。

7. 照射到金属表面的光，能使金属中的电子从表面逸出，这个现象称为光电效应，这种电子常被称为光电子。

8. 光电效应中存在着饱和电流，在光的颜色不变的情况下，入射光越强，饱和电流越大。这表明对于一定颜色的光，入射光越强，单位时间内发射的光电子数越多。

9. 在光电效应中，使光电流减小到0的反向电压称为遏止电压。遏止电压随光的频率的改变而改变，而与光的强弱无关。这表明光电子的能量只跟入射光的频率有关，而与入射光的强弱无关。

10. 当入射光的频率减小到某一数值 ν_0 时，即使不施加反向电压也没有光电流， ν_0 称为截止频率。当入射光的频率低于截止频率时不发生光电效应。

11. 光电效应具有瞬时性。

12. 使电子脱离某种金属所做功的最小值，叫作这种金属的逸出功。

13. 光的电磁理论只能部分解释光电效应。

14. 爱因斯坦认为，电磁波不仅仅是在吸收和辐射时才显示出不连续性，实际上电磁波本身就是不连续的，也就是说，光本身就是由一个个不可分割的能量子组成的，频率为v的光的能量子为hv，这些能量子称为光子。

15. 在光电效应中，金属中的电子吸收一个光子获得的能量是hv，这些能量的一部分用来克服金属的逸出功，剩下的表现为逸出后电子的初动能。

16. 光在介质中与物质微粒相互作用，因而传播方向发生改变，这种现象叫作光的散射。

17. 康普顿在研究石墨对X射线的散射时，发现在散射的X射线中，除了与入射波长λ_0相同的成分，还有波长大于λ_0的成分，这个现象称为康普顿效应。

18. 经典物理学的理论无法解释康普顿效应，而用光子模型则能成功地解释这种效应。

19. 光电效应和康普顿效应深入地揭示了光的粒子性的一面。前者表明光子具有能量（$\varepsilon = hv$），后者表明光子还具有动量（$p=\dfrac{h}{\lambda}$）。

20. 光既具有波动性，又具有粒子性，即光具有波粒二象性。

21. 实物粒子也具有波动性，即每一个运动的粒子都与一个对应的波相联系，这种波称为德布罗意波或物质波。实物粒子的能量和动量跟它对应的波的频率和波长之间遵从如下关系：$v=\dfrac{\varepsilon}{h}$，$\lambda=\dfrac{h}{p}$。

22. 任意时刻的确定的位置和速度以及时空中确定的轨道，是经典物理学中粒子运动的基本特征。与经典的粒子不同，经典的波在空间中是弥散开来的，其特征是具有频率和波长，也就是具有时空的周期性。

23. 光波和德布罗意波都是概率波，也就是说，单个粒子的位置是不确定的，但在某点附近出现的概率的大小可以由波动的规律确定。对于大量粒子，这种概率分布导致确定的宏观结果，如衍射条纹的分布等。

24. 如果以 Δx 表示粒子位置的不确定量，以 Δp 表示粒子在x方向上的动量的不确定量，那么 $\Delta x \cdot \Delta p \geq \dfrac{h}{4\pi}$，这就是不确定关系。

25. 在微观物理学中，不可能同时准确地知道粒子的位置和动量，因而也就不可能用"轨迹"来描述粒子的运动。

26. 量子力学是在波粒二象性和不确定的基础上建立的。

综合考虑以上内容，结合教科书的概念，笔者将本节的主要内容概括如下：

第一，在电磁辐射中，电磁波不仅仅在吸收和辐射能量时显示出不连续性，其本身也是不连续的，是由一个个不可分割的能量子组成的。这一理论可以成功地解释黑体辐射、光电效应以及康普顿效应。

第二，光和实物粒子都既具有波动性，又具有粒子性。光波和德布罗意波中，单个粒子的位置是不确定的，但在某点附近出现的概率的大小可以由波动的规律确定。

第三，在微观物理学中，不可能同时准确地知道粒子的位置和动量。

五、光学

本节的主旨在于讲解光的传播规律以及能体现出光的本性的各种现象。

本节在回顾初中学过的光的反射、折射现象和反射定律的基础上，讲解了光的折射定律（定量）、折射率的概念和计算、全反射现象及发生的条件。全反射棱镜和光导纤维是对全反射的应用。在物理光学部分，教科书讲解了光的干涉现象和决定光屏上出现亮条纹还是暗条纹的条件以及相邻亮条纹或暗条纹中心间距的计算，由此可以测量并计算出光的波长。讲解了光的衍射现象、偏振现象及其应用、光在各种情况下的色散现象、激光的特点和应用。

内容展示 光学

1. 一般来说，光从第一种介质射到第二种介质的分界面时，一部分光会返回到第一种介质，这个现象叫作光的反射；另一部分光会进入第二种介质，这个现象叫作光的折射。

2. 光的反射定律：反射光线与入射光线、法线处于同一平面，反射光线与入射光线分别位于法线的两侧；反射角等于入射角。

3. 光的折射定律：折射光线与入射光线、法线处于同一平面，折射光线与入射光线分别位于法线的两侧；入射角的正弦与折射角的正弦成正比。

4. 在光的反射和折射现象中，光路都是可逆的。

5. 光从真空射入某种介质发生折射时，入射角的正弦与折射角的正弦之比，叫作这种介质的绝对折射率，简称折射率。折射率是一个反映介质的光学性质的物理量。

6. 某种介质的折射率，等于光在真空中的传播速度与光在这种介质中的传播速度之比。

7. 折射率较小的介质称为光疏介质，折射率较大的介质称为光密介质。

8. 当光从光密介质射入光疏介质时，如果入射角大于临界角，则折射光完全消失，只剩下反射光，即发生全反射现象。

9. 光的干涉证明光是一种波。

10. 当两个光源与屏上某点的距离之差等于半波长的偶数倍时，屏上出现亮条纹；当两个光源与屏上某点的距离之差等于半波长的奇数倍时，屏上出现暗条纹。

11. 在双缝干涉中，相邻两个亮条纹或暗条纹的中心间距是 $\Delta x = \dfrac{l}{d}\lambda$。

12. 光通过狭缝时，没有沿直线传播，而是绕过缝的边缘，传播到相当宽的地方，这就是光的衍射现象。

13. 在单缝衍射或圆孔衍射的照片中出现的亮条纹和暗条纹是来自单缝或圆孔上不同位置的光，通过缝或孔之后叠加时加强或者削弱的结果。

14. 当障碍物的尺寸可以跟光的波长相比，甚至比光的波长还小时，衍射现象十分明显，这时就不能说光沿直线传播了。

15. 通过偏振片的光波，在垂直于传播方向的平面上，沿着某个特定的方向振动，这种光叫作偏振光。只有横波才有偏振现象。不同颜色的光，波长不同。

16. 含有多种颜色的光被分解为单色光的现象叫作光的色散。在双缝干涉、薄膜干涉、衍射和折射中都可能发生光的色散。

17. 含有多种颜色的光被分解后，各种色光按其波长有序排列，就是光谱。

18. 在双缝干涉中，不同颜色的光的条纹间距不同，导致白光的分解；薄膜干涉中，不同颜色的光在薄膜前后表面反射后，在不同的位置相互加强，导致白光的分解；衍射现象中，不同色光的亮条纹的位置不同，于是各种色光就分开了；白光通过三棱镜折射时，棱镜对于波长不同的光的折射率不同，由此导致光的色散。

19. 同一种物质中，不同波长的光波的传播速度不一样，波长越短，波速越慢。

20. 激光的特点是高度的相干性、非常好的平行度以及亮度高。

综合考虑以上内容，结合教科书的概念，笔者将本节的主要内容概括如下：

第一，几何光学。一般来说，光从一种介质射到它与另一种介质的分界面时，会同时发生反射和折射，分别遵从光的反射和折射定律。若光从光密介质射入光疏介质且入射角大于临界角，则发生全反射现象。

第二，物理光学。光的干涉和衍射现象说明光具有波动性，光的偏振现象说明光是横波，光的色散是由不同颜色的光的波长不同造成的。

第三章

高中物理实验及要求梳理

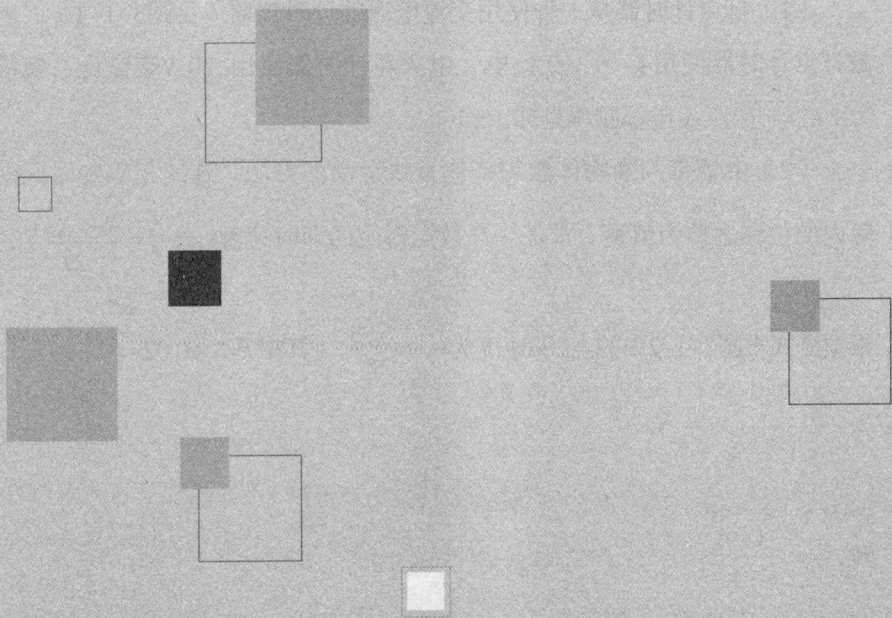

第一节　力学实验

实验一：研究匀变速直线运动，测定匀变速直线运动的加速度（含练习使用打点计时器）

【实验目的】

研究匀变速直线运动，测定匀变速直线运动的加速度（含练习使用打点计时器）。

【实验原理】

（1）打点计时器是一种使用交流电源的计时仪器（见图3-1-1）。电磁打点计时器使用4～6 V交流电，电火花计时器使用220 V交流电，每隔0.02 s打一次点（电源频率是50 Hz）。

（2）由纸带判断物体做匀变速直线运动的方法：连续相等的时间间隔内的位移之差为恒量。求任一计数点对应的即时速度v_n，$v_n = \frac{s_n + s_{(n+1)}}{2T}$，

根据公式求图3-1-2中的点2的速度为$v_2 = \frac{s_2 + s_3}{2T}$（其中$T = 5 \times 0.02\text{s} = 0.1\text{s}$）。

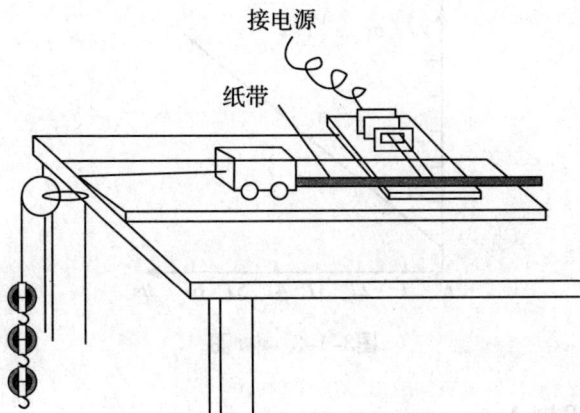

图3-1-1　实验装置

（3）由纸带求物体运动加速度的方法：

① 利用图3-1-2任意相邻的两段位移求a，如$a=\dfrac{s_3-s_2}{T^2}$。

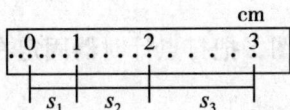

图3-1-2　利用纸带求加速度

② 用"逐差法"求加速度：$a_1=\dfrac{s_4-s_1}{3T^2}$，$a_2=\dfrac{s_5-s_2}{3T^2}$，$a_3=\dfrac{s_6-s_3}{3T^2}\Longrightarrow a=$

$\dfrac{a_1+a_2+a_3}{3}\Longrightarrow a=\dfrac{(s_4+s_5+s_6)-(s_1+s_2+s_3)}{9T^2}$（$T$为相邻两计数点间的时间间隔）。

③ 用如图3-1-3所示的v-t图：先根据$v_n=\dfrac{s_n+s_{(n+1)}}{2T}$，求出打第$n$点时纸

带的即时速度，再求出各点的即时速度，画出如图3-1-3所示的v-t图，图
线的斜率即加速度。

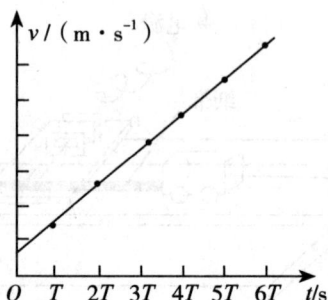

图3-1-3 *v*–*t* 图

【实验器材】

电火花计时器（或电磁打点计时器）、一端附有滑轮的长木板、小车、纸带、细绳、钩码、刻度尺、导线、电源、复写纸片。

【实验步骤】

（1）按照实验装置图，把打点计时器固定在长木板无滑轮的一端，接好电源。

（2）把一细线系在小车上，细线绕过滑轮，下端挂合适的钩码，纸带穿过打点计时器，固定在小车后面。

（3）把小车停靠在打点计时器处，接通电源，放开小车。

（4）小车运动一段时间后，断开电源，取下纸带。

（5）换纸带反复做三次，选择一条比较理想的纸带进行测量分析。

【注意事项】

（1）纸带打完后及时断开电源。

（2）小车的加速度应适当大一些，以能在纸带上长约50 cm的范围内清楚地取7~8个计数点为宜。

（3）应区别计时器打出的轨迹点与人为选取的计数点，通常每隔4个轨迹点选1个计数点，选取的记数点不少于6个（每隔5个时间间隔取一个计数点），以便于计算求加速度。

（4）不要分段测量各段位移，可统一量出各计数点到计数起点0之间的距离，读数时应估读到毫米的下一位。所取的计数点要能保证至少有两位有效数字。

（5）纸带和细绳要和木板平行。

（6）实验中应先接通电源，后让小车运动；实验完毕，应先断开电源，后取纸带。

（7）电压若增大，打点更清晰；频率若增加，打点周期更短。

（8）若打出短线，则要增加振针与复写纸的距离。

（9）若初速度为0，则1，2点距离以2 mm为宜。

实验二：探究弹力和弹簧伸长的关系

【实验目的】

探究弹力和弹簧伸长的关系。

【实验原理】

弹簧受到拉力会伸长，平衡时弹簧产生的弹力和外力大小相等；弹簧受到的拉力越大，弹力也就越大。

【实验器材】

铁架台、弹簧、砝码、刻度尺、坐标纸。

【实验步骤】

（1）安装实验仪器（见图3–1–4）。

（2）测量弹簧的伸长（或总长）及所受的拉力（或所挂钩码的质量），列表做记录，要尽可能多测几组数据。

（3）根据所测数据在坐标纸上描点，以力为纵坐标，以弹簧的伸长量为横坐标。

（4）按照在图中所绘点的分布与走向，尝试作出一条平滑的曲线（包括直线），所画的点不一定正好在这条曲线上，但要注意使曲线两侧的点数大致相同。

（5）以弹簧的伸长为自变量，写出曲线所代表的函数，首先尝试一次函数，如果不行，再考虑二次函数。

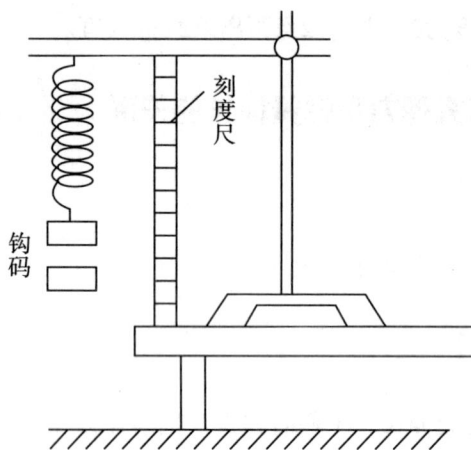

图3-1-4 实验装置

【注意事项】

（1）实验中弹簧下端挂的钩码不要太多，以免超过弹簧弹性限度。

（2）要使用轻质弹簧，且要尽量多测几组数据。

（3）使用数据时应采用L_x-L_0，即弹簧长度变化量。

（4）记录数据时要注意弹力及弹簧伸长量的对应关系及单位。

实验三：验证力的平行四边形定则

【实验目的】

（1）验证力的合成的平行四边形定则。

（2）理解等效替代思维方法在物理学中的应用。

【实验原理】

互成角度的两个力与一个力产生相同的效果，看用平行四边形定则求出的合力与这一个力在实验误差允许范围内是否相等。

【实验器材】

木板、白纸、图钉（若干）、橡皮条、细绳、弹簧测力计（两个）、三角板、刻度尺。

【实验步骤】

（1）用图钉把一张白纸钉在水平桌面的木板上。

（2）用两个弹簧测力计分别钩住两个细绳套，互成角度地拉橡皮条，使橡皮条伸长，结点到达某一位置O（见图3-1-5）。

（3）用铅笔描下结点O的位置和两条细绳套的方向，并记录弹簧测力计的读数，利用刻度尺和三角板根据平行四边形定则求出合力F。

（4）只用一个弹簧测力计，通过细绳套把橡皮条的结点拉到与前面相同的位置O，记下弹簧测力计的读数F'和细绳的方向。

（5）比较F'与用平行四边形定则求得的合力F，看在实验误差允许的范围内是否相等。

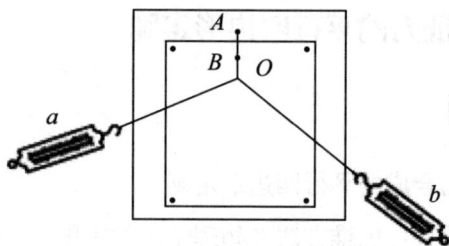

图3-1-5　实验装置

【注意事项】

（1）用弹簧测力计测拉力时，应使拉力沿弹簧测力计的轴线方向，橡皮条、弹簧测力计和细绳套应位于与纸面平行的同一平面内。实验前检查使用的弹簧测力计是否良好（是否在零刻度），拉动时尽可能不与其他部分接触产生摩擦，拉力方向应与轴线方向相同。

（2）同一次实验中，橡皮条拉长后的结点位置O必须保持不变。

（3）结点的位置和线方向要准确。

（4）角度合适：用两个弹簧测力计钩住细绳套互成角度地拉橡皮条时，其夹角60°～100°为宜。

（5）合力不超出量程及在橡皮条弹性限度内形变尽量大，细绳套适当长一些，便于确定力的方向。

（6）统一标度：在同一次实验中，画力的图示标度要相同，要恰当选定标度，使力的图示稍大一些。

实验四：验证牛顿运动定律

【实验目的】

验证牛顿运动定律。

【实验原理】

（1）如图3-1-6所示，保持小车质量不变，改变小桶内沙的质量，从而改变细线对小车的牵引力，测出小车的对应加速度，作出加速度和力的关系图像，验证加速度是否与外力成正比。

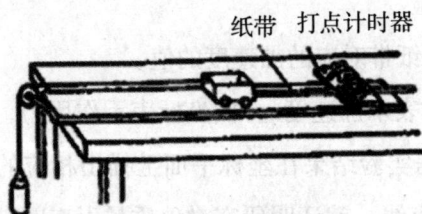

图3-1-6 实验装置图

（2）保持小桶和沙的质量不变，在小车上加减砝码，改变小车的质量，测出小车的对应加速度，作出加速度和质量倒数的关系图像，验证加速度是否与质量成反比。

【实验器材】

小车、砝码、小桶、沙、细线、附有定滑轮的长木板、垫木、打点计时器、低压交流电源、导线两根、纸带、托盘天平及砝码、米尺等。

【实验步骤】

（1）用天平测出小车和小桶的质量M和M'，把数据记录下来。

（2）按图3-1-6把实验器材安装好，只是不把挂小桶用的细线系在小车上，即不给小车加牵引力。

（3）平衡摩擦力：在长木板不带定滑轮的一端下面垫上垫木，反复移动垫木的位置，直至小车在斜面上可以保持匀速直线运动状态（可以从纸带上打的点是否均匀来判断）。

（4）在小车上加放砝码，小桶里放入适量的沙，把砝码和沙的质量 m 和 m' 记录下来。把细线系在小车上并绕过滑轮悬挂小桶，接通电源，放开小车，打点计时器在纸带上打下一系列点，取下纸带，在纸带上写上编号。

（5）保持小车的质量不变，改变沙的质量（要用天平称量），按步骤（4）再做5次实验。

（6）算出每条纸带对应的加速度的值。

（7）用纵坐标表示加速度 a，横坐标表示作用力，即沙和桶的总重力 $(M'+m')g$，根据实验结果在坐标平面上描出相应的点，作图线。若图线为一条过原点的直线，就证明研究对象质量不变时其加速度与它所受的作用力成正比。

（8）保持沙和小桶的质量不变，在小车上加放砝码，重复上面的实验，并做好记录，求出相应的加速度，用纵坐标表示加速度 a，横坐标表示小车和车内砝码总质量的倒数，在坐标平面上根据实验结果描出相应的点，并作图线，若图线为一条过原点的直线，则证明研究对象所受作用力不变时其加速度与它的质量成反比。

【注意事项】

（1）沙和小桶的总质量不要超过小车和砝码的总质量。

（2）在平衡摩擦力时，不要悬挂小桶，但小车应连着纸带且接通电源。用手轻轻地给小车一个初速度，如果在纸带上打出点的间隔是均匀的，则表示平衡完毕，加砝码后不需再平衡。

（3）只要重物的质量远小于小车的质量，那么可近似认为重物所受重力大小等于小车所受的合外力的大小。

（4）作图时应该使所作的直线通过尽可能多的点，不在直线上的点也要尽可能对称地分布在直线的两侧，但如遇个别特别偏离的点可舍去。

（5）一先一后一按：改变拉力和小车质量后，每次开始时小车应尽量靠近打点计时器，并应先接通电源，后放开小车，且应在小车到达滑轮前按住小车。

实验五：探究动能定理

【实验目的】

探究功与物体速度变化的关系。

【实验原理】

实验装置如图3-1-7所示。

图3-1-7　实验装置

（1）一条橡皮筋作用在小车上，移动距离为s时，做功为W。

（2）两条橡皮筋作用在小车上，移动距离为s时，做功为2W。

（3）三条橡皮筋作用在小车上，移动距离为s时，做功为3W。

（4）利用打点计时器求出小车离开橡皮筋的速度，列表作图，即可求出v-W关系。

【实验器材】

橡皮筋、小车、木板、打点计时器、纸带、铁钉等。

【实验步骤】

（1）用一条橡皮筋拉小车：做功为W。

（2）用两条橡皮筋拉小车：做功为$2W$。

（3）用三条橡皮筋拉小车：做功为$3W$。

（4）测出每次小车获得的速度。

（5）分别用各次实验的v和W绘出v-W，v^2-W，v^3-W，$v^{\frac{1}{2}}$-W关系图。

（6）找出v与W间的关系：$W=\dfrac{1}{2}mv^2$。

【注意事项】

（1）平衡摩擦力：将木板一端垫高，使小车重力沿斜面向下的分力与摩擦阻力平衡。方法是轻推小车，根据打点计时器打在纸带上点的均匀程度判断小车是否匀速运动，找到一个合适的倾角。

（2）选点测速：测小车速度时，纸带上的点应选均匀部分，也就是选小车做匀速运动的状态。

（3）规格相同：橡皮筋规格相同时，力对小车做的功以一条橡皮筋做的功为单位即可，不必计算出具体数值。

实验六：验证机械能守恒定律

【实验目的】

验证机械能守恒定律。

【实验原理】

当物体自由下落时，只有重力做功，物体的重力势能和动能互相转化，机械能守恒。若某一时刻物体下落的瞬时速度为v，下落高度为h，则应有：$mgh=\dfrac{1}{2}mv^2$。借助打点计时器，测出重物某时刻的下落高度h和该时刻的瞬时速度v，即可验证机械能是否守恒。实验装置如图3-1-8所示。

测第n点的瞬时速度的方法是：测出第n点的相邻前后两段相等时间T内下落的距离s_n和s_{n+1}（见图3-1-8），由公式$v_n=\dfrac{S_n+S_{n+1}}{2T}$算出。

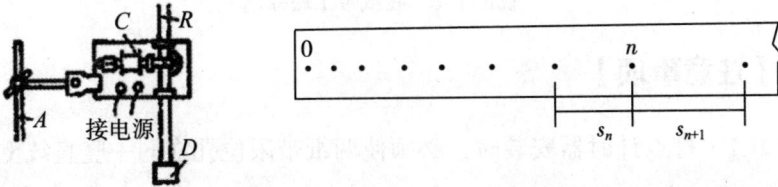

图3-1-8　装置图及几点相邻前后两段相等时间下落的距离

【实验器材】

铁架台（带铁夹）、打点计时器、学生电源、导线、带铁夹的重锤、纸带、米尺。

【实验步骤】

（1）按图3-1-8把打点计时器安装在铁架台上，用导线把打点计时器与电源连接好。

（2）把纸带的一端在重锤上用夹子固定好，另一端穿过打点计时器限位孔，用手竖直提起纸带使重锤停靠在打点计时器附近。

（3）接通电源，松开纸带，让重锤自由下落。

（4）重复几次，得到3~5条打好点的纸带。

（5）在打好点的纸带中挑选第一、二两点间的距离接近2 mm，且点迹清晰的纸带，在这条纸带的起始点标上0，以后各依次标上1，2，3…（见图3-1-9），用刻度尺测出对应下落高度h_1，h_2，h_3…

（6）应用公式计算各点对应的即时速度v_1，v_2，v_3…

（7）计算各点对应的势能减少量mgh_n和动能的增加量$\dfrac{1}{2}mv_n^2$，进行比较。

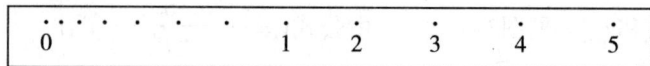

图3-1-9　在纸带上做标记

【注意事项】

（1）打点计时器安装时，必须使两纸带限位孔在同一竖直线上，以减小摩擦阻力。

（2）保证打出的第一个点是清晰的点，选用纸带时应尽量挑选第一、二两点间距接近2 mm的纸带。

（3）因不需要知道动能和势能的具体数值，所以不需要测量重物的质量。

（4）先接通电源，待打点计时器正常工作后再放纸带。

（5）测量下落高度必须从起点开始算。

（6）因为有阻力，所以ΔE_k稍小于ΔE_p。

（7）此实验不用测物体的质量（无须天平）。

（8）重物密度要大：重物应选用质量大、体积小、密度大的材料。

实验七：验证动量守恒定律

【实验目的】

研究在弹性碰撞的过程中相互作用的物体系统动量守恒。

【实验原理】

一个质量较大的小球从斜槽上滚下来，跟放在斜槽前边小支柱上另一质量较小的球发生碰撞后，两小球都做平抛运动（见图3-1-10）。因为两小球下落的高度相同，所以它们的飞行时间相等，这样如果用小球的飞行时间做时间单位，那么小球飞出的水平距离在数值上就等于它的水平速度。因此，只要分别测出两小球的质量m_1、m_2和不放被碰小球时入射小球在空中飞出的水平距离s_1，以及入射小球与被碰小球碰撞后在空中飞出的水平距离s_1'和s_2'，若m_1s_1在实验误差允许范围内与$m_1s_1'+m_2s_2'$相等，就验证了两小球碰撞前后总动量守恒。

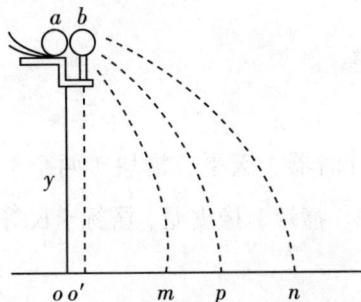

图3-1-10　验证动量守恒定律图

【实验器材】

碰撞实验器（斜槽、重垂线）、两个半径相等而质量不等的小球、白纸、复写纸、天平和砝码、刻度尺、游标卡尺（选用）、圆规等。

【注意事项】

（1）应使入射小球的质量大于被碰小球的质量。

（2）要调节好实验装置，使固定在桌边的斜槽末端点的切线水平，小支柱与槽口间的距离等于小球直径，而且两球相碰时处在同一高度，碰撞后的速度方向在同一直线上。

（3）每次入射小球从槽上相同位置由静止滚下，可在斜槽上适当高度处固定一挡板，使小球靠着挡板，然后释放小球。

（4）白纸铺好后不能移动。

（5）小球落地点的平均位置要用圆规来确定：用尽可能小的圆把所

有落点都圈在里面，圆心就是落点的平均位置。

（6）若被碰小球放在斜槽末端，而不用支柱，那么两小球将不再同时落地，但两个小球都将从斜槽末端开始做平抛运动，于是验证式就变为 $m_1 \cdot op = m_1 \cdot om + m_2 \cdot on$，两个小球的直径也不需测量了。

方案一：利用两辆小车完成一维碰撞实验

1. 实验目的

验证动量守恒定律。

2. 实验器材

气垫导轨、光电计时器、天平、滑块（两个）、重物、弹簧片、细绳、弹性碰撞架、胶布、撞针、橡皮泥、游标卡尺等。

3. 实验原理

在一维碰撞中，测出物体的质量 m 和碰撞前后物体的速度 v、v'，找出碰撞前的动量 $p = m_1v_1 + m_2v_2$ 及碰撞后的动量 $p' = m_1v_1' + m_2v_2'$，验证碰撞前后动量是否守恒。

4. 实验步骤

（1）测质量：用天平测出滑块质量。

（2）安装：正确安装好气垫导轨。

（3）实验：接通电源，利用配套的光电计时装置测出两滑块各种情况下碰撞前后的速度（①改变滑块的质量；②改变滑块的初速度大小和方向）。

5. 数据处理

（1）滑块速度的测量：$v = \dfrac{\Delta x}{\Delta t}$，式中 Δx 为滑块挡光片的宽度（仪器说明书上给出，也可直接测量），Δt 为光电计时器显示的滑块（挡光片）经过光电门的时间。

（2）验证的表达式：$m_1v_1 + m_2v_2 = m_1v_1' + m_2v_2'$。

方案二：带细线的两摆球碰撞完成一维碰撞实验（见图3-1-11）

1. 实验器材

带细线的摆球（两套，等大不等重）、铁架台、天平、量角器、刻度尺、游标卡尺、胶布等。

2. 实验步骤

（1）测质量和直径：用天平测出小球的质量m_1、m_2，用游标卡尺测出小球的直径d。

（2）安装：把小球用等长悬线悬挂起来，并用刻度尺测量悬线长度l。

（3）实验：一个小球静止，拉起另一个小球，放下时它们相碰。

（4）测角度：用量角器测量小球被拉起的角度和碰撞后两小球摆起的角度。

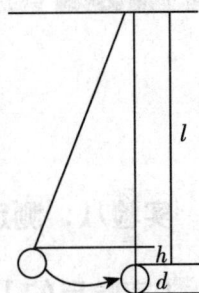

图3-1-11　摆球速度测量

（5）改变条件重复实验：①改变小球被拉起的角度；②改变摆长。

3. 数据处理

（1）摆球速度的测量：$v = \sqrt{2gh}$，式中h为小球释放时（或碰撞后摆起）的高度，h可由摆角和摆长l计算出。

（2）验证的表达式：$m_1v_1 = m_1v_1' + m_2v_2'$。

第二节 电学实验

实验八：测定金属的电阻率（同时练习使用螺旋测微器）

【实验目的】

测定金属的电阻率。

【实验原理】

实验原理图如3-2-1所示。根据电阻定律公式 $R=\rho\dfrac{l}{S}$，只要测量出金属导线的长度和它的直径 D，计算出导线的横截面积 S，并用伏安法测出金属导线的电阻 R，即可计算出金属导线的电阻率。

$$\frac{U}{I}=R=\rho\frac{l}{S}=\rho\frac{l}{\pi\left(\dfrac{d}{2}\right)^2}\Rightarrow\rho=\frac{U\pi d^2}{4li}$$

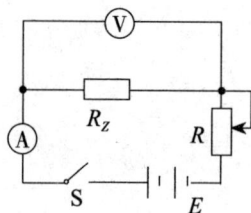

图3-2-1　实验原理图

【实验器材】

被测金属导线、直流电源（4 V）、电流表（0~0.6 A）、电压表（0~3 V）、滑动变阻器（50 Ω）、电键、导线（若干）、螺旋测微器、米尺等。

【实验步骤】

（1）用米尺测出金属丝的长度。

（2）用螺旋测微器测出直径，如果是空心还需要用游标卡尺，算出横截面积。

（3）用外接、限流的方法测出金属丝电阻。

（4）设计实验表格，记录数据（难点），注意多次测量，求平均值。

【注意事项】

（1）测量被测金属导线的有效长度，是指测量待测导线接入电路的两个端点之间的长度，亦即电压表两接入点间的部分待测导线长度，测量时应将导线拉直。

（2）本实验中被测金属导线的电阻值较小，因此实验电路必须采用电流表外接法。

（3）实验连线时，应先从电源的正极出发，依次将电源、电键、电流表、待测金属导线、滑动变阻器连成主干线路（闭合电路），然后再把电压表并联在待测金属导线的两端。

（4）闭合开关S之前，一定要使滑动变阻器的滑片处在有效电阻值最大的位置。

（5）在用伏安法测电阻时，通过待测导线的电流强度I的值不宜过大（电流表用0~0.6 A量程），通电时间不宜过长，以免金属导线的温度明显升高，造成其电阻率在实验过程中有所变化。

实验九：描绘小灯泡的伏安特性曲线

【实验目的】

（1）描绘小灯泡的伏安特性曲线。

（2）分析伏安特性曲线的变化规律。

【实验原理】

（1）测多组小灯泡的U、I值，并绘出I–U图像。

（2）由图线的斜率反映电流与电压和温度的关系。

【实验器材】

小灯泡"3.8 V，0.3 A"、电压表"0～3 V～15 V"、电流表"0～0.6 A～3 A"、滑动变阻器、学生电源、开关、导线若干、坐标纸、铅笔。

【实验步骤】

（1）画出电路图（见图3-2-2甲）。

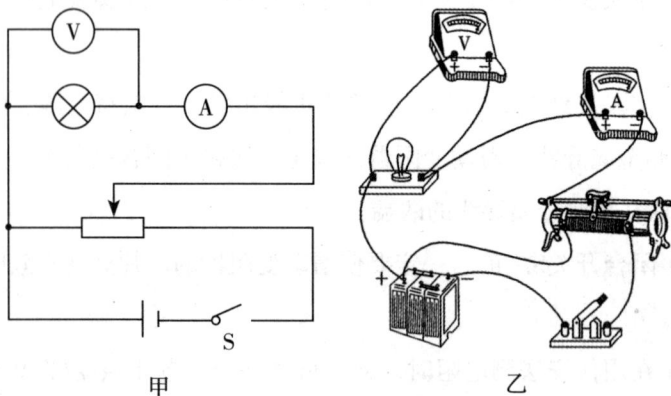

图3-2-2　电路图

（2）将小灯泡、电流表、电压表、滑动变阻器、学生电源、开关用导线连接成如图3-2-2乙所示的电路。

（3）测量与记录移动滑动变阻器触头位置，测出12组左右不同的电压值U和电流值I，并将测量数据填入自己设计的表格中。

【数据处理】

（1）在坐标纸上以U为横轴，I为纵轴，建立直角坐标系。

（2）在坐标纸上描出各组数据所对应的点。

（3）将描出的点用平滑的曲线连接起来，得到小灯泡的伏安特性曲线。

【注意事项】

（1）电流表外接法：本实验中被测小灯泡灯丝的电阻值较小，因此测量电路必须采用电流表外接法。

（2）滑动变阻器应采用分压式连接：本实验要作出I-U图像，要求测出一组包括零在内的电流、电压值，故控制电路必须采用分压接法。

（3）保护元件安全：为保护元件不被烧毁，开关闭合前变阻器滑片应置于使接入电路的电阻最大位置处。加在小灯泡两端的电压不要超过其额定电压。

实验十：测定电池的电动势和内阻（用电流表和电压表测）

【实验目的】

测定电池的电动势和内电阻。

【实验原理】

改变R的阻值，从电压表和电流表中读出几组I，U值，利用闭合电路的欧姆定律求出几组E，r值，最后分别算出它们的平均值。此外，还可以用作图法来处理数据，即在坐标纸上以I为横坐标，U为纵坐标，用测出的几组I，U值画出I-U图像（见图3-2-3），所得直线与纵轴的交点即为电动势值，图线斜率的绝对值即为内电阻R的值。

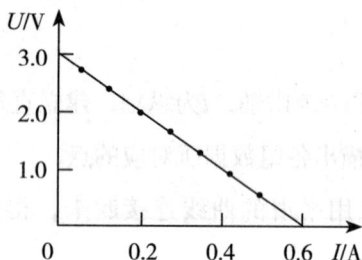

图3-2-3 I-U图像

【实验器材】

待测电池、电压表（0~3 V）、电流表（0~0.6 A）、滑动变阻器（10 Ω）、电键、导线。

【实验步骤】

（1）电流表用0.6 A量程，电压表用3 V量程，按电路图连接好电路。

（2）把变阻器的滑片移到一端使阻值最大。

（3）闭合电键，调节变阻器，使电流表有明显示数，记录一组数据I_1，U_1，用同样的方法测量几组I，U的值。

（4）打开电键，整理好器材。

（5）处理数据，用公式法和作图法两种方法求出电动势和内电阻的值。

【注意事项】

（1）为了使电池的路端电压变化明显，电池的内阻宜大些，可选用使用过一段时间的1号干电池。

（2）干电池在大电流放电时，电动势E会明显下降，内阻r会明显增大，故长时间放电不宜超过0.3 A，短时间放电不宜超过0.5 A。实验中不要将I调得过大，读表时要快，每次读完立即断电。

（3）要测出不少于6组I，U数据，且变化范围要大些，用方程组求解时，要将测出的I，U数据中，第1和第4为一组，第2和第5为一组，第3和第6为一组，分别求出E，r值再求平均值。

（4）在画I–U图像时，要使较多的点落在这条直线上或使各点均匀分布在直线的两侧。个别偏离直线太远的点可舍去不予考虑。这样，就可使偶然误差得到部分抵消，从而提高精确度。

（5）干电池内阻较小时路端电压U的变化也较小，即不会比电动势小很多，这时，在画I–U图像时，纵轴的刻度可以不从零开始，而是根据测得的数据从某一恰当值开始（横坐标I必须从零开始）。但这时图像和横轴的交点不再是短路电流。不过直线斜率的绝对值照样还是电源的内阻。外电路断开时，用电压表测得的电压U为电动势E，即$U=E$。

（6）特别要注意：有时纵坐标的起始点不是0，求内阻的一般式应该是$r = \dfrac{\Delta U}{\Delta I}$。

本实验电路中电压表的示数是准确的，电流表的示数比通过电池的实际电流小，所以本实验的系统误差是由电压表的分流引起的。为了减小这个系统误差，电阻R的取值应该小一些，所选用的电压表的内阻应该大一些。

实验十一：练习使用多用电表

【实验目的】

（1）了解多用电表的构造和原理，掌握多用电表的使用方法。

（2）会使用多用电表测电压、电流及电阻。

（3）会用多用电表探索黑箱中的电学元件。

【实验原理】

（1）欧姆表内部电路简化如图3-2-4所示。

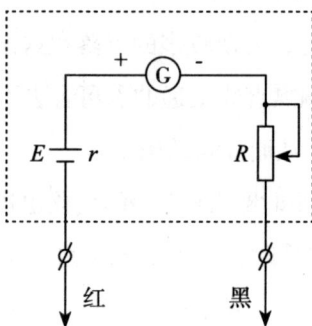

图3-2-4　电路简图

（2）根据闭合电路欧姆定律：

① 当红、黑表笔短接时，$I_g = \dfrac{E}{R_g + R + r}$。

② 当被测电阻R_x接在红、黑表笔两端时，$I = \dfrac{E}{R_g + R + r + R_x}$。

③ 当$I_{中} = \dfrac{1}{2} I_g$时，中值电阻$R_{中} = R_g + R + r$。

【实验器材】

多用电表、电学黑箱、直流电源、开关、导线若干、小灯泡、二极管、定值电阻（大、中、小）三个。

【部分器材用途】

1. 多用电表

（1）多用电表可以用来测量电流、电压、电阻等，并且每一种测量仪器都有几个量程。

（2）外形：上半部分为表盘，表盘上有电流、电压、电阻等多种量程的刻度；下半部分为选择开关，它的四周刻有各种测量项目和量程。

（3）多用电表面板上还有欧姆表的欧姆调零旋钮（使电表指针指在右端零欧姆处）、指针定位螺丝（使电表指针指在左端的"0"位置）、表笔的正负插孔（红表笔插入"+"插孔，黑表笔插入"–"插孔）。

2. 晶体二极管

（1）晶体二极管是由半导体材料制成的，它有两个极，即正极和负极，它的符号如图3-2-5甲所示。

（2）晶体二极管具有单向导电性（符号上的箭头表示允许电流通过的方向）。当给晶体二极管加正向电压时，它的电阻很小，电路导通，如图3-2-5乙所示；当给晶体二极管加反向电压时，它的电阻很大，电路截止，如图3-2-5丙所示。

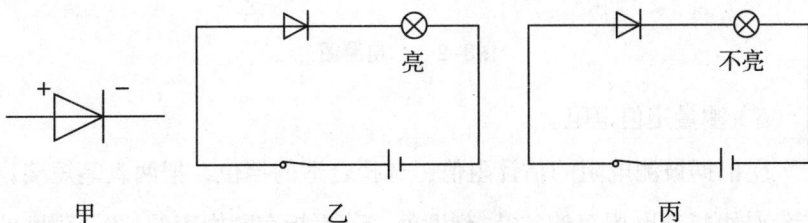

图3-2-5　晶体二极管

（3）将多用电表的选择开关拨到欧姆挡，红、黑表笔接到二极管的两极上，当黑表笔接"正"极，红表笔接"负"极时，电阻示数较小，反之电阻示数很大，由此可判断出二极管的正、负极。

【实验步骤】

（1）观察：观察多用电表的外形，认识选择开关的测量项目及量程。

（2）机械调零：检查多用电表的指针是否停在表盘刻度左端的零位置。若不指零，则可用小螺丝刀进行机械调零。

（3）将红、黑表笔分别插入"+""–"插孔。

（4）测量小灯泡的电压和电流。

① 按如图3-2-6甲所示的电路图连好电路，将多用电表选择开关置于直流电压挡，测小灯泡两端的电压。

② 按如图3-2-6乙所示的电路图连好电路，将多用电表选择开关置于直流电流挡，测量通过小灯泡的电流。

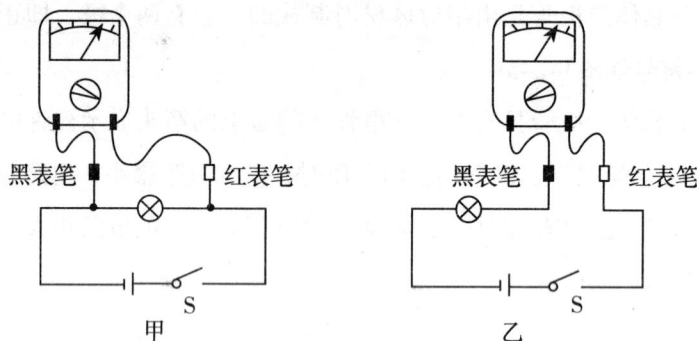

图3-2-6　电路图

（5）测量定值电阻。

① 根据被测电阻的估计阻值，选择合适的挡位，把两表笔短接，观察指针是否指在欧姆表的"0"刻度处，若不指在欧姆表的"0"刻度处，调节"欧姆调零旋钮"，使指针指在欧姆表的"0"刻度处。

② 将被测电阻接在两表笔之间，待指针稳定后读数。

③ 读出指针在刻度盘上所指的数值，用读数乘以所选挡位的倍率，即得测量结果。

④ 测量完毕，将选择开关置于交流电压最高挡或"OFF"挡。

【注意事项】

（1）使用前要机械调零。

（2）两表笔在使用时，电流总是"红入""黑出"。

（3）测电阻时：

① 指针指中值附近较准，否则换挡。

② 每换一挡必须重新调零。

③ 读出示数要乘以倍率。

（4）使用完毕，选择开关置于"OFF"挡或交流电压最高挡，长期不用应取出电池。

第三节 机械振动实验

实验十二：用单摆测重力加速度

【实验目的】

学习用单摆测定重力加速度的方法，测出当地的重力加速度。

【实验原理】

单摆在偏角<5°时，可视为简谐振动，其振动周期$T=2\pi\sqrt{\dfrac{l}{g}}$，且$T$的大小与单摆、振幅和摆球质量无关。

【实验器材】

细线、带孔小铁球、铁架台、秒表（见图3-3-1）、木夹。

【实验步骤】

（1）把摆球用细线悬挂在铁架台上，摆长最好能有1 m左右，这样可使测量结果准确些。

图3-3-1　秒表

（2）测量摆长 l。单摆的摆长是从悬点到摆球中心的距离，即悬线长与摆球半径之和。因为摆球受重力，悬线将略有伸长，所以应将单摆悬挂起来测量摆长。

（3）由于单摆在摆动时角度不能超过5°，故在用手拉摆球偏离平衡位置时，应在小于5°时释放。为了使摆球只在一个竖直平面内摆动，释放摆球时，不要发生旋转。

（4）为了使单摆的周期测量准确，每次可记录单摆完成30～50次全振动的时间，再除以振动次数，求出周期 $T = \dfrac{t}{n}$。

数据处理如下。

方案一：公式法

（1）做四次实验，测定各个物理量（见表3-3-1）。

（2）列出重力加速度的计算式，计算出实验结果并取平均值。

$$T = \frac{t}{n} = 2\pi\sqrt{\frac{l}{g}},$$

$$g = 4\pi^2 \frac{l}{T^2}。$$

表3-3-1 四次实验数据

序号	摆长 l / m	摆动次数 n	振动时间 t / s	周期 T / s	重力加速度 m / s²
1	1	30			$g_1=$
2	0.9	30			$g_2=$
3	0.7	30			$g_3=$
4	0.5	30			$g_4=$
平均值 $g = (g_1 + g_2 + g_3 + g_4)/4 =$					

方案二：作图法

用作图法求重力加速度，如图3-3-2所示。

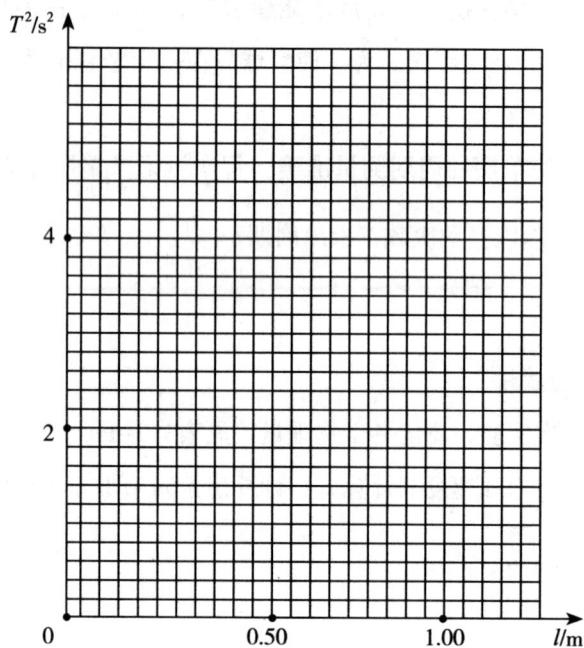

图3-3-2　T^2-l 图像

作 T^2-l 图像，由 $g = 4\pi^2 \dfrac{l}{T^2}$ 可以知道 T^2-l 图像应是一条过原点的直线，

其斜率 k 的物理意义是 $\dfrac{4\pi^2}{g}$。所以作出 T^2-l 图像后求斜率 k（$k = \dfrac{\Delta T^2}{\Delta l}$），然

后可求出重力加速度 $g = \dfrac{4\pi^2}{k}$。用单摆测重力加速度见表3-3-2。

表3-3-2 实验数据

实验次数	数据		
	周期T / s	T^2 / s^2	摆长l / m
1			
2			
3			
4			

$$g = \frac{4\pi^2}{k} = \underline{\hspace{3cm}} \ m/s^2。$$

第四节 光学实验

实验十三：用双缝干涉测光的波长

【实验目的】

了解光波产生稳定的干涉现象的条件，观察双缝干涉图样，测定单色光的波长。

【实验原理】

据双缝干涉条纹间距 $\Delta x = \dfrac{l}{d}\lambda$ 得，波长 $\lambda = \dfrac{d}{l}\Delta x$。已知双缝间距 d，再测出双缝到屏的距离 l 和条纹间距 Δx，就可以求得光波的波长。

【实验器材】

实验装置采用双缝干涉仪，它由各部分光学元件在光具座上组成，如图3-4-1所示，各部分元件包括光源、滤光片、单缝、双缝、遮光筒、光屏。

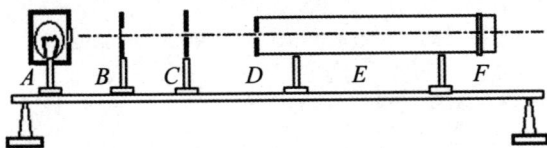

图3-4-1　实验装置

【实验步骤】

（1）将光源和遮光筒安装在光具座上，调整光源的位置，使光源发出的光能平行地进入遮光筒并照亮光屏。

（2）放置单缝和双缝，使缝相互平行，调整各部件的间距，观察白光的双缝干涉图样。

（3）在光源和单缝间放置滤光片，当单一颜色的光通过后观察单色光的双缝干涉图样。

（4）用米尺测出双缝到光屏的距离l，用测量头测出相邻的两条亮（或暗）条纹间的距离Δx。

（5）利用表达式$\lambda = \dfrac{d}{l}\Delta x$求单色光的波长。

（6）换用不同颜色的滤光片，观察干涉图样的异同，并求出相应的波长。

【注意事项】

（1）放置单缝和双缝时，必须使缝平行，并且单缝和双缝间的距离约为5~10 cm。

（2）要保证光源、滤光片、单缝、双缝、遮光筒和光屏的中心在同一条轴线上。

（3）测量头的中心刻线要对应着亮（或暗）条纹的中心。

（4）为减小实验误差，先测出n条亮（或暗）条纹中心间的距离a，再测出相邻两条亮（或暗）条纹间的距离。

第四章

高中物理学史梳理

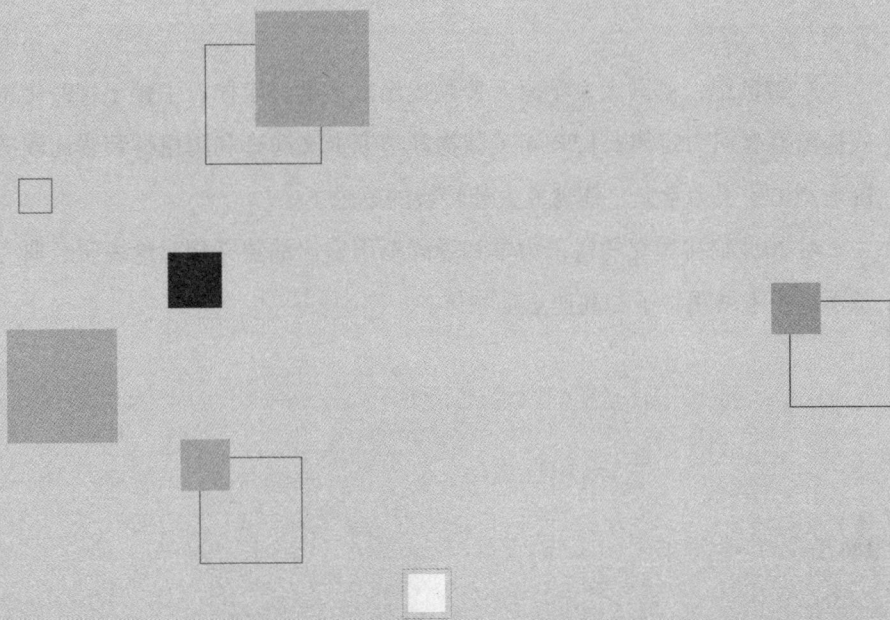

第一节　必修1、必修2（力学）

1. 1638年，意大利物理学家伽利略在《两种新科学的对话》中用科学推理论证重物体和轻物体下落一样快，并在比萨斜塔做了两个不同质量的小球下落的实验，证明了他的观点是正确的，推翻了古希腊学者亚里士多德的观点（质量大的小球下落快）。

2. 17世纪，伽利略通过构思的理想实验指出：在水平面上运动的物体若没有摩擦，将保持这个速度一直运动下去。得出结论：力是改变物体运动的原因，推翻了亚里士多德的观点——力是维持物体运动的原因。同时代的法国物理学家笛卡儿进一步指出：如果没有其他原因，运动物体将继续以同一速度沿着一条直线运动，既不会停下来，也不会偏离原来的方向。

3. 17世纪，德国天文学家开普勒提出开普勒三定律；牛顿于1687年正式提出万有引力定律；1798年英国物理学家卡文迪许利用扭秤装置比较准确地测出了引力常量（体现放大和转换的思想）。

4. 20世纪初建立的量子力学和爱因斯坦提出的狭义相对论表明经典力学不适用于微观粒子和高速运动物体。

第二节 选修3-1、选修3-2（电磁学）

1. 1785年，法国物理学家库仑利用扭秤实验发现了电荷之间的相互作用规律——库仑定律，并测出了静电力常量的值。

2. 1752年，富兰克林在费城通过风筝实验验证了闪电是放电的一种形式，把天电与地电统一起来，并发明了避雷针。

3. 1837年，英国物理学家法拉第最早引入了电场的概念，并提出用电场线表示电场。

4. 1913年，美国物理学家密立根通过油滴实验精确测定了元电荷e的电荷量，获得诺贝尔物理学奖。

5. 1911年，荷兰科学家昂尼斯（或昂纳斯）发现大多数金属在温度降到某一值时，都会出现电阻突然降为零的现象——超导现象。

6. 19世纪，焦耳和楞次先后各自独立发现电流通过导体时产生热效应的规律，即焦耳–楞次定律。

7. 1820年，丹麦物理学家奥斯特发现电流可以使周围的小磁针发生偏转，称为电流磁效应。

8. 法国物理学家安培发现两根通有同向电流的平行导线相吸，通有反向电流的平行导线则相斥，同时提出了安培分子电流假说，并总结出用安培定则（右手螺旋定则）判断电流与磁场的相互关系的方法和用左手定则判断通电导线在磁场中受到磁场力的方向的方法。

9. 荷兰物理学家洛仑兹提出运动电荷产生了磁场和磁场对运动电荷有作用力（洛仑兹力）的观点。

10. 英国物理学家汤姆孙发现了电子，并指出阴极射线是高速运动的电子流。

11. 汤姆孙的学生阿斯顿设计的质谱仪可用来测量带电粒子的质量和分析同位素。

12. 1932年，美国物理学家劳伦斯发明了回旋加速器，能在实验室中产生大量的高能粒子。最大动能仅取决于磁场和D形盒直径。带电粒子圆周运动周期与高频电源的周期相同；但当粒子动能很大，速率接近光速时，根据狭义相对论，粒子质量随速率显著增大，粒子在磁场中的回旋周期发生变化，进一步提高粒子的速率很困难。

13. 1831年英国物理学家法拉第发现了由磁场产生电流的条件和规律——电磁感应定律。

14. 1834年，俄国物理学家楞次提出确定感应电流方向的定律——楞次定律。

15. 1835年，美国科学家亨利发现自感现象（因电流变化而在电路本身引起感应电动势的现象），日光灯的工作原理即为其应用之一，采用双绕线法制作精密电阻为消除其影响的应用之一。

第三节 选修3-3（热学）

1. 1827年，英国植物学家布朗发现悬浮在水中的花粉微粒不停地做无规则运动的现象——布朗运动。

2. 19世纪中叶，由德国医生迈尔、英国物理学家焦耳、德国学者亥姆霍兹最后确定能量守恒定律（热力学第一定律）。

3. 1850年，克劳修斯提出热力学第二定律的定性表述：不可能把热从低温物体传到高温物体而不产生其他影响，称为克劳修斯表述。次年开尔文提出另一种表述：不可能从单一热源取热，使之完全变为有用的功而不产生其他影响，称为开尔文表述。

4. 1848年，开尔文提出热力学温标，指出绝对零度（–273.15 ℃）是温度的下限，$T=t+273.15$ K。热力学第三定律：绝对零度不可达到。

第四节 选修3-5（光的波粒二象性）

1. 1900年，德国物理学家普朗克为解释物体热辐射规律提出：电磁波的发射和吸收不是连续的，而是一份一份的，把物理学带进了量子世界。受其启发，1905年爱因斯坦提出光子说，成功地解释了光电效应规律，因此获得诺贝尔物理学奖。

2. 1923年，美国物理学家康普顿在研究石墨中的电子对X射线的散射时，证实了光的粒子性——康普顿效应（说明动量守恒定律和能量守恒定律同时适用于微观粒子）。

3. 1913年，丹麦物理学家玻尔提出了原子结构假说，成功地解释和预言了氢原子的辐射电磁波谱，为量子力学的发展奠定了基础。

4. 1924年，法国物理学家德布罗意大胆预言了实物粒子在一定条件下会表现出波动性。

5. 1927年，美英两国物理学家得到了电子束在金属晶体上的衍射图案。电子显微镜与光学显微镜相比，衍射现象影响小很多，大大地提高了分辨能力，质子显微镜的分辨能力更高。

6. 1897年，英国物理学家汤姆孙利用阴极射线管发现了电子，说明原子可分，有复杂的内部结构，并提出原子枣糕模型。

7. 1906年，英国物理学家汤姆孙因发现电子获得诺贝尔物理学奖。

8. 1909—1911年，英国物理学家卢瑟福用α粒子散射实验，提出了原子核式结构模型，由实验结果估计原子核直径数量级为10^{-15} m。

9. 1919年，卢瑟福用α粒子轰击氮核，第一次实现了原子核的人工转变，发现了质子，并预言原子核内还有另一种粒子——中子；1932年，卢瑟福的学生查德威克在α粒子轰击铍核时发现中子，获得诺贝尔物理学奖。

10. 1913年，丹麦物理学家玻尔最先得出氢原子能级表达式。

11. 1896年，法国物理学家贝克勒尔发现天然放射现象，说明原子核有复杂的内部结构。天然放射现象有两种衰变（α、β），三种射线（α、β、γ），其中γ射线是衰变后新核处于激发态，向低能级跃迁时辐射出的。衰变快慢与原子所处的物理和化学状态无关。

12. 1896年，在贝克勒尔的建议下，居里夫妇发现了两种放射性更强的新元素——钋（Po）和镭（Ra）。

13. 1934年，居里夫妇用α粒子轰击铝箔时，发现了正电子和人工放射性同位素。

14. 1939年12月，德国物理学家哈恩和助手斯特拉斯曼用中子轰击铀核时，铀核发生裂变。1942年，在费米、西拉德等人领导下，美国建成第一个裂变反应堆（由浓缩铀棒、控制棒、减速剂、水泥防护层等组成）。

15. 1952年，美国爆炸了世界上第一颗氢弹（聚变反应、热核反应）。人工控制核聚变的一个可能途径是利用强激光产生的高压照射小颗粒核燃料。

第五章

基于STEAM教育理念的高中物理教学策略

第一节　基于STEAM教育理念的高中物理教学设计

一、基于STEAM教育理念的高中物理教学目的

我国在推进STEAM教育方面，应在吸收和借鉴国外教育经验的基础上，结合我国当前教育现状，综合当前教育特点，提高学生工程设计、技术应用、数学运算的能力以及联系科学知识与科学前沿动态培养能力等，提升学生STEAM综合素养，为培养我国有竞争力的人才贡献力量。基于STEAM教育理念的高中物理教学目的，可从学生与国家两个层面进行论述。

（一）学生层面

一方面，基于STEAM教育理念的高中物理教学强调学生通过交流合作进行科学设计和探究，在提高学习和研究物理的兴趣和能力的同时，提高综合能力，即设计、创新、分析、有效解决问题、合作交流、科学探究、加工信息和处理信息以及自我评价等能力。

另一方面，提高学生STEAM综合素养，也就是提高学生的科学素养、技术素养、工程素养、数学素养。下面就这四个素养进行具体的说明。

科学素养，即学会利用物理、生物、化学和地球空间科学来理解自然界，培养相关决策能力，涉及技术科学、卫生与生命科学、环境与地球科学三大领域。

技术素养，即使用、理解和评价技术的能力。在使用技术方法的过程

中，了解技术是如何影响学生自己的生活、国家甚至整个世界的。

工程素养，即对工程设计和开发过程理解与掌握的能力。工程课程常常基于一个整合多门学科的知识项目，将学生的生活与未知的知识概念联系在一起，从而提高学生解决问题的兴趣和能力。

数学素养，即学生在多种情境下利用数学原理进行发现、表达、解释、分析、推断的能力。

此外，基于STEAM教育理念的高中物理教学除了在本学科的基础上帮助学生学习物理知识，还能提高学生对STEAM教育内容的认识和理解，提高学生在STEAM领域的学习成就以及学习STEAM领域内容的兴趣和参与度，为他们在未来接受职业教育或高等教育提供更多的选择，增强学生对STEAM领域的职业追求，进而增强学生在竞争激烈的职场中的核心竞争力。

（二）国家层面

STEAM教育理念是美国在科技方面的人力资源在全球所占比例减少的压迫下提出的，旨在通过实施STEAM教育来增强国家竞争力。也可以说STEAM教育已被认为是美国增强国家竞争力的方法。在美国教育部长的领导下，美国学术竞争力委员会从学生的学习、教师的质量、学生的参与度方面出发，制定了K-12阶段STEAM教育的三个国家目标。

1. 国家目标一

在学生的学习方面，培养学生具备21世纪技术经济时代所必需的STEAM技能，培养STEAM领域的教育家、专家、领导者等。

2. 国家目标二

在教师的质量方面，培养STEAM专业教师，增加学科内容，培养K-12教师。

3. 国家目标三

在学生的参与度方面，提高STEAM教育的学生参与度，提升STEAM教育在学生生活中的价值。

中国当前科技人力资源还相对落后，K–12阶段教育中科学、技术、工程和数学在各个地区的地位参差不齐，甚至个别地区工程教育并未走入课堂。这一现象已逐渐引起人们的关注与深思。我们应在借鉴吸收美国制定的K–12阶段STEAM教育的三个国家目标的基础上，结合我国的教育特点，让STEAM教育走入中国，培养具有STEAM综合素养的人才，为我国科技创新贡献力量，增加我国在科学、技术、经济等领域的成就，从而增强我国的全球竞争力。

二、基于STEAM教育理念的高中物理教学特点

（一）综合性

分科教学逐渐显示出其弊端，而STEAM教育的综合性正好弥补了这一缺陷。综合性意味着教育工作者在基于STEAM教育理念的高中物理教学过程中应淡化学科之间的界限，以物理为基础学科，要求学生在学习物理知识的过程中，联系科学、技术、工程、数学学科的知识与技能解决问题。

（二）设计性

设计性是基于STEAM教育理念的高中物理教学的重要特点。教师就某一具有可设计性的问题、项目等引导学生主动参与、积极动手动脑、创新设计，使学生通过探究达到知识意义的建构，提高STEAM综合素养。

（三）情境性

物理、科学、工程与技术教育都是基于实际情境的学科。在高中物理教学中渗透STEAM教育要求教师将物理学科与真实情境结合，引导学生在分析、解决、创新、设计问题时开放思维，并将知识与真实的情境联系在一起。

（四）问题性

教师在教学过程中往往会以一个真实情境问题导入。这个问题以物理

知识为背景且具有可探究性、前沿性、基础性、有效性等特点，可以让学习者通过探寻问题背后的知识，意识到知识与科技发展、生产、生活的密切关系，增强学生的综合能力与STEAM综合素养。

（五）合作性

STEAM教育进入高中物理课堂，更加强调同伴、师生之间的合作学习。合作学习时学生之间有明确的责任与分工，并进行互助学习，这也是一次思想碰撞的学习机会。当然，这里的合作性不仅是师生、学生之间的合作，也有学校与社会、学校与企业等的合作，帮助学生将知识应用到实际生活中。

（六）动态多样性

基于STEAM教育理念的高中物理教学，教育工作者在课程内容的选择、实施、评价方面更具动态性、多样性，同时学生在参与学习的过程中解决问题的方式也更加多样，在解决问题的过程中也更加敢于创新。同样，知识的学习也不仅限于封闭的教室，可以是实验室、科技馆、STEAM教育工作场地，也可以是STEAM相关讲座。当然，也可利用信息技术、网络指导学生，从而体现多样化的教学方式。

三、基于STEAM教育理念的高中物理教学原则

在教育岗位一线的高中物理教师，应具有创作性、灵活性地选择与重组教材的义务与精神。要将STEAM教育理念带入高中物理教学中，就需要遵循STEAM的特点，即无论是在教学计划的安排、教学资源的利用方面，还是在教学课程的选择、教学评价的建立等方面，都需要以教学特点为参考，从而高效地完成教学内容。因此，基于STEAM教育理念的高中物理教学就要遵循以下七个原则。

（一）探究性原则

由于物理是一门与实际生产生活紧密联系的学科，因此教师在教学过

程中要以一个个与生活、生产、科学技术等相联系的问题、模型、项目引导学生，使学生在探究过程中掌握物理学科知识；同时还可以在探究过程中引导学生应用知识解释现象等，从而提升学生的STEAM核心素养。因此，探究性原则是在高中物理教学中渗透STEAM教育尤为重要的一点。

（二）生活化原则

基于STEAM教育理念的高中物理教学要让物理生活化，无论从课程内容的选择，还是教学计划的安排，都需要取之于生活，用之于生活。因此，在教学中，也就需要教师能够收集生活中的实例并带入课堂，即将物理生活化，让学生意识到物理就在我们的身边，并影响着我们的生活。

（三）融合性原则

分科教学已日渐出现弊端，在物理与科学、技术、工程、数学之间建立联系可以打破学科间的独立性。在教学过程中更要求教师理解STEAM教育理念，从而能融合学科内容，并能引导学生运用各学科知识进行新内容的学习。

（四）基础性原则

考虑学生身心特点以及已有知识，教学中要遵循"最近发展区"原则，在适当的时候向学生提供教学"支架"，以引导、帮助学生建立新的知识内容。同时，要关注学生的心理特点，从而更加有针对性地教学。

（五）时代性原则

时代在变化，科学技术日新月异，教师在教学中需要注意新旧知识的融合与递进，从前沿的发展趋势、科技成果与发现等方面重组教学内容。同时，教学的内容、方法等也都应体现时代性。鼓励教师利用现代技术教学。一则物理是以实验为基础的学科，随着现代技术的革新，先进的技术设备可更加具体地向学生演示实验；二则在利用先进的技术设备的同时，学生也可以了解并掌握技术设备的运用，培养探究精神，提高学生对物理的学习兴趣以及学习物理的能力。

（六）有效性原则

有效性原则要求教师整体把握教材，深刻理解教学目标，使教学内容在选择上有切实可行的操作性。教学课堂中师生和谐对话，可以提高学生探索的兴趣、解决问题的能力等，从而提高课堂效率，最终高效地完成教学目标。

（七）实践性原则

在教学目标、教学计划以及教学内容等的制订上都要考虑实践性，进而体现知识间的联系性，给学生提供更多运用所学知识和技能来解决实际问题的机会。学生通过亲身经历、体验，积极动手、思考，从而提高综合能力和STEAM综合素养，为未来的学习、工作打下坚实的基础。

四、基于STEAM教育理念的高中物理有效教学策略

（一）教学方法

通过分析可知，STEAM教育打破了学科之间的壁垒，将学生学习的过程转变为探究世界相互联系的不同侧面的过程。为了保证STEAM教育能够顺利走进普通课堂，这就要求教师在教学方法的选择上要灵活多变，使学生在学习过程中不仅掌握了本学科的知识与能力，也提高了STEAM综合素养，从而保障基于STEAM教育理念的高中物理教学的有效性与可行性。

1. 基于问题的探究式教学

基于问题的探究式教学是教与学相互统一的过程，是一种结合网络技术、科学技术等多种课程资源，以探究分析问题为导向的教学模式。简单来说，基于问题的探究式教学是以问题为导向的课堂。课堂上教师提出一个问题，由学生组成探究小组开展研究；学生以解决某一问题为目的入手，将工程设计、技术应用、数学计算、科学知识与方法等集合到具体的解决问题过程中，经历科学探究以及工程设计的过程，再运用数学计算、技术工具等进行成果总结与展示。需要注意的是，问题需要具有前沿性、

基础性、交叉性等特点，这样有利于培养学生的创新意识，为培养高素质人才打好基础。基于问题的探究式教学在高中已受到广泛关注并被教师使用，而在物理学科中融合STEAM教育理念的时候就更需要教师的积极扩充与引导，从而最大限度地发挥该教学方法的作用。

2. 基于项目的教学

基于项目的教学要求教师尽可能为学生提供一个相对真实的场景，让学生以一个"工程师"的身份来定义自己。在实施项目的过程中，学生将新旧知识同化与顺应，提高了综合能力。基于项目的教学以学生活动为主，教师引入与课堂内容相关的基于课程的项目，学生主动查阅相关资料、设计制订方案、实施项目、解决问题。在实施项目的过程中，学生不仅掌握了本学科的知识，其综合能力以及STEAM综合素养都有很大的提高。基于项目的教学是当前STEAM教育实践中经常用到的一种教学方法。

该教学模式分为五个部分：第一，项目准备。在进行项目准备的时候，学生小组合作。学生在小组内进行初步的讨论后，对组内成员进行任务安排以及对项目涉及的教学用具或器材等准备工作进行分配。第二，制订计划。这个过程，学生根据项目对项目的时间、内容、方法进行具体讨论，并将各个任务分配给各个小组成员。第三，项目实施。项目的实施根据计划进行，且在需要时进行合理的调整。在这个过程中教师会适时地给予学生帮助，同时也对学生进行监督。第四，分析讨论，撰写报告。对项目的实施结果进行分析讨论，并以小组为单位对自己的项目结果进行项目报告或展示。第五，考核与反馈。此过程学生要以小组的形式进行成果的展示，可以利用PPT等软件的帮助，教师可根据学生的成果进行评价与总结。需要注意的是，评价的方式分为对成果的评价和阶段性评价（包括知识）。从以上描述可以看出，基于项目的教学也体现了"做中学，学中做"的思想，但不同的项目所需的时长不同。这就需要教师对项目的进度、发展动向等进行指导与监督。

3. 5E教学模式

5E教学模式是在建构主义教学理论和探究式教学的基础上提出且不断发展起来的。将5E教学模式运用到STEAM教育实践中是当前国内外研究比较多的一种尝试。5E教学模式包括参与（engage）、探究（explore）、解释（explain）、拓展（enrich）、评价（evaluate）五个阶段，它对教师与学生在不同阶段有不同的教学活动要求。

（1）参与阶段。在此过程中教师需要向学生提供一个教学情境，这个教学情境可以是一个问题、一个相异事件、一个项目、一个模型等，其主要目的是激发学生的学习兴趣和研究欲望。学生根据教师提出的教学情境进行活动，这里的活动包括动脑或动手活动。学生通过联系已有知识经验试图解决教学情境所涉及的知识问题。在此过程中教师可以检测出学生已有的知识与经验水平，当学生无法将已有知识应用到教师所给出的教学情境时，此时产生的认知冲突就是概念转变的重要时机。

（2）探究阶段。教师在此过程中是学生学习的促进者、指导者，也是学生学习的观察者、聆听者，在必要的时候可给予学生引导，帮助学生进行学习。在这一阶段，教师需要向学生提供一些必要的实验仪器、资料以及相关的背景知识等。学生在此环节针对教师所给出的教学情境进行探究活动。学生通过观察、讨论建立教学情境与知识之间的联系，并尝试利用技术工具、数学计算等方法。这是引入新概念或规律的重要前提。需要注意的是，学生在探究过程中往往会用到错误的前概念、实验方法等，这也为之后新概念或规律的提出创造了条件。

（3）解释阶段。在探究之后，学生需要对其探究的结果进行解释说明。教师在学生得出结论的基础上直接给出教学情境所涉及的科学概念和规律，在学生经历了知识冲突和科学探究的过程后明确给出新概念或新规律。应尽量使用简洁、清晰的表达，也可使用多种课程资源（视频、动画等）辅助解释。需要注意的是，教师在此阶段需要注意逻辑性，即在学生已有的知识与经验的基础上进行解释与说明。

（4）迁移阶段。通过以上三个阶段的学习，学生已获得新的概念或规律。迁移阶段需要教师为学生提供相关知识的实际应用例子，即给学生安排一个项目、模型、实例等，在这个过程中，教师也要发挥引导作用。学生则以合作学习的形式分析讨论、制订计划，同时多元化地获取信息，如查阅书籍、请教专家、查阅网络资源或数据库、进行实验等，从多种渠道获取信息，从而解释知识在生产生活中应用的原理等。至此，学生通过以上四个阶段不仅学习了新知识，也在过程中掌握了新方法。

（5）评价阶段。5E教学模式提出教师和学生都要参与评价。对教师而言，可以用正式或非正式的方式评价学生的学习效果。教师可以采用小测验和表现性任务等形式进行正式的评价，也可以在教学过程中通过观察、交流、提问、记录学生的动手操作能力等对学生进行非正式评价。此外，5E教学模式也鼓励学生进行自我评价、小组内或小组间相互评价。这样学生不仅可以对自己的探究思路、方法等进行反思与交流，也可以认知自己在整个学习活动中的贡献。总之，评价的目的在于鼓励学生对研究过程进行反思与改进，也可以促进教师对教学过程与效果进行评估与改进。

（二）学习方法

1. 基于项目的学习

STEAM教育学习方法中基于项目的学习最具典型性。基于项目的学习简称"PBL"（Project-Based Learning），包括学习共同体、内容、活动、情境和成果五大要素。基于项目的学习与基于项目的教学相辅相成，通常以某一学科为基础，并有一个具有实践性的情境项目活动，在活动过程中体现多学科交叉的思想。这也正是本文的主旨，即基于STEAM教育理念的高中物理教学。学生围绕该项目活动展开实践探究。在学习活动过程中，学生的探究学习环境既可以是学校的实验室、工厂等实体环境，也可以是利用科学技术等形成的虚拟环境。但是在学习过程中，学生仅依靠单一物理学科知识是无法解决问题的，学生不仅要综合多门学科的知识，还要在学习过程中亲自调研、分析设计研究过程、查阅文献、得出成果以及展示成果。学生过程强调学生、学科教师、企业等的相互合作，强调知识与实际的联系以及知识的实际应用性，以提高学生的STEAM综合素养。学生在项目活动中积极地运用各种认知工具和信息资源帮助自己完成项目、展示成果，互相交流这个成果可以解决哪些实际问题以及能够对我们的生活产生什么影响。需要注意的是，成果以无形作品与有形作品的形式存在。无形作品是学习者在实践中获得的新知识和规律、综合能力、STEAM综合素养；而有形作品包括学习过程的阶段性产品，如视频、动画、模型等以及利用其他方式展示的学习成果，其可被认为是无形作品的外显。通过项目活动，学生建构并完善了自己的知识体系，综合能力、STEAM综合素养有了很大的提高。

2. 合作学习

合作学习也称为协作学习，是以小组合作学习的形式完成的学习。小组内的每个学生各自分工、相互讨论，每个学生都朝着共同的目标努力。本文所提到的合作学习包括小组合作、师生合作、全班共享学习以及学生深入现实情境中与企业、医院、科技馆等的合作。

3. 自主学习

学生作为学习主体的学习为自主学习。自主学习强调独立性，即通过独立思考、质疑、分析、设计、探究、实践等来实现学习目标。同时强调主动性，即学生乐于探究、主动参与、勤于动手等。可以看出，自主学习受学习者个人的态度、能力、学习方法等的影响。对于高中学生而言，他们的自主学习能力已经相对成熟。在以问题、项目为导向的课堂下，学生应自主地参与设计、探究、分析归纳等，变被动为主动，体会学习的乐趣，感悟科学精神、技术水平、工程魅力以及数学的奥秘。

五、促进基于STEAM教育理念的高中物理教学的有效措施

（一）培养STEAM教师，鼓励教师开发STEAM第二课堂

我国高中教育以分科教学为主导，而单科教学使学生形成的各个学科的知识片段无法连接，即学生所学的知识在学生的脑海里没有构建起意义，因此，作为学生学习的重要引路人需要对教师的培养进行改革。在这一情况下，培养STEAM教师，提高教师的综合素养也就成为重点工作。这就需要给予学校、教师更大的自主权，让教师有更大的空间去创新教学。要从两个方面着手。第一，鼓励在职物理教师向STEAM教师发展，对有此意向的教师进行培训。经过培训之后的物理教师以STEAM教育理念为基础对本学科的教学进行改革与创新，以物理学科内容为"线索"，通过真实的情境问题、项目活动、实践等，引导学生在学习的过程中了解STEAM教育。第二，高校在师范教育阶段增加STEAM专业来培养STEAM教师；高校增加SETAM相关课程，在教师培养过程中进行职业规划与指导，培养教师的STEAM综合素质。但就当前现状来看，实施起来还需要国家、社会对这一方面多投入。除了在本学科教学，学校也应支持教师开发STEAM第二课堂，让感兴趣的学生能够接触并了解STEAM相关知识，培养学生对STEAM教育相关领域的兴趣和能力，加强学生的综合能力和STEAM综合素养，在飞速发展的社会环境下增强学生、国家的核心竞争力。

（二）开发课程资源，组织专家、教师编写教材和资料

开发STEAM教育与高中物理教育的课程资源，这也就促使政府修改政策，支持教育改革创新，鼓励教师、专家等探索新的教学模式。在基于STEAM教育理念的高中物理教学过程中，物理教师要认识到STEAM教育是将教育转变为以问题、项目为引导的工程，要以"工程师"的角色来定位学生，帮助学生利用科学、技术、工程和数学知识完成知识意义的建构，

使学生成为一个具有STEAM综合素养的人才。

  为了让STEAM教育能够真正走进高中物理教学，要在教学原则的基础上对原课堂进行重组与改良。教师要找到高中物理与STEAM教育相关的契合点，可从三方面入手：第一，教师要在遵循教学原则的基础上，挖掘与高中物理相关的真实情境，向学生提供实验场所、器材、相关资料等。也就是说，教师需要创造性、多样化地整合教材内外的课程资源，使物理知识、物理学史、教材中的拓展内容等与物理学前沿动态建立联系，如与新能源的使用、航空航天的发展以及诺贝尔物理学奖等建立联系。此外，也可以与学生生活建立联系，如讲解激光手术、利用洛仑兹力清理太空垃圾、电磁场对农作物的生长作用等。第二，根据课程标准，课外实践活动课已被列为必修课的行列，教师也可组织学生进行物理课外实践活动，使学生参观甚至参与到社会实践中去。教师可组织学生去医院、科技馆、企业、工厂、大学、研究中心、学校附近的池塘、大桥等地，将学习场所转换到教室外，开阔学生的眼界，使学生增长学识。第三，在习题方面，学生学习了新的知识，掌握了相关的能力，此时教师评价学生做习题的正确率以及解题思路也是重要的一部分。以STEAM教育理念为基础，在习题的编排中，将科技发展、生产、生活等与物理教学相关的内容提取并重组，以问题的形式考查学生并让学生将知识与知识的实际应用联系起来。

  此外，我国也有了一些STEAM教育系列的书籍，但这些书籍以及课程并未走进大众学校以及被一线教师所参考使用。对基于STEAM教育理念的高中物理教学资源来说，也亟待专家、教师等编制相关的教材、资料，给教师在教学过程中以引导，让STEAM教育逐渐走入高中课堂。在校企合作的模式下也鼓励开发线上学习软件，一方面可以给学生提供新的学习平台，一方面也可以供教师使用。

（三）建立STEAM教育视野下的多元评价体制

建立STEAM教育视野下的多元评价体制，对于保障在高中物理教学中融入STEAM教育理念有重要的意义与价值。对于我国的高中物理教学而言，更要衡量多个参考量，综合使用非正式评价方式与正式评价方式。正式评价包括考试成绩、成果展示等，而非正式评价就需要教师和学生之间都进行观察、提问等方式，考查学生的合作能力、动手能力等。基于STEAM教育理念的高中物理教学评价体制也要对教学进行多方面的考查，即对多元教学的实践性、创新性、应用性等进行全面评价。与此同时，我国也应主动借鉴吸收国外评价体制的优点，结合自身的特点，建立STEAM教育视野下的多元评价体制。

（四）集合全社会的力量，加大资金投入力度与渠道

众所周知，任何一个教育的改革从它的提出到实施都需要全社会的参与，都需要政府、学校、企业、家庭等给予相应的支持。就美国STEAM教育的发展而言，能够长时间、有效地实施也是基于各个文件的支持与指导。对我国来说，任何学科的改革都需要相关文件的支持与引导。一方面，在吸收借鉴国外STEAM教育经验并结合我国高中物理教育特点的基础上，政府需制定相关政策法规，有效推广、支持与引导全社会实施STEAM教育。另一方面，政府应以政策与法规的形式支持校企合作，并出台相关政策来保障他们的合法权益。这样学校既能组织学生参观并参与企业工作，企业也可以提供给学生接触、学习与学科相关知识的机会。此外，学校作为教育的直接实施场所，承担着改革的重任，应大胆地吸收STEAM教育思想，组织教师学习STEAM教育，鼓励教师在结合自身课堂的同时大胆吸收、渗透STEAM教育。同时，鼓励父母能够多带学生参加科技创新的展览、各类创新比赛等，鼓励学生大胆质疑，提出新思路、新想法等，以扩充学生的知识面与眼界，激发学生的科学探究精神、创新精神等。当然，加大资金投入与渠道也是实施STEAM教育的重中之重，也是在更大范围内

推广STEAM教育的基础。无论是推动STEAM教育在高中物理教学中的实施，还是支持STEAM教育的课程资源、支持教师的培养，都非常重要，这就需要政府加大资金投入力度，鼓励企业与学校联合培养。因此，只有集合政府、企业、学校、教师、家庭等全社会的力量，才能有效提高STEAM教育水平，让基于STEAM教育理念的高中物理教学成为一件有意义的事情。

第二节 STEAM在高中物理实验活动中的应用策略

一、STEAM适用于物理教学课堂的原因分析

从课程实施的角度来看，STEAM教育能够体现物理教学的实践性，能够体现物理规律与现实生活的关联。我国曾经实施探索探究式教学，其目的就是想要引发学生的自主思考，希望学生拥有主动的力量，在教师帮助下自行探索、认识物理现象和物理规律。然而所谓"探究"，有时却只是盖上了"探究"的帽子，实际上教师并没有按照学生主体的思路去走，而是已经规划出了一条路，以"探究"冠名，追寻形式化的探究，没有遵从探究的实质，只是一种假"探究"。STEAM教育同样强调学生的主体地位，重视学生在学习过程中自己建构知识的过程。但不同之处是，STEAM教育更关注学生遇到涉及物理规律的实际问题时，综合运用自身知识，运用知识的迁移解决问题的能力。STEAM教育的理念更希望学生能够拥有思考力，面对问题时通过对问题的分析研究，灵活运用知识来解决实际问题。这个过程有利于学生运用自身所学知识，使学生觉得知识是有用的。

从认知发展来看，STEAM教育能促进学生思维的发展，有利于开放式思维、系统思维的形成。对于一个综合问题或实际生活中遇到的物理相关问题，往往看上去简单，解决起来困难，需要学生在解决问题的时候具有较高的思维层次。例如，科学实验中最需要假设和演绎推理能力，数学中

需要逻辑思维能力，学生首先要对问题综合分析才能找到解决的途径；而同时，一个问题涉及多个不同方面，学生也要综合考虑现实的可能性、解决方法的实施难度等等。这就需要学生有耐心、细心，解决问题时能开放思维，想到更多有用的方法，且不能只顾眼前，还要拥有系统的眼光去评估每个方法的可行性。通过这样的训练，可以体现STEAM教育切实促进学生思维能力和学习能力发展的优点。在STEAM课堂中，问题需要学生运用多个领域的知识才能解决，且得到答案的途径不唯一。这点能够促进学生积极思考、主动探究，学生通过主动查询资料等方式得到解决方案。这个过程会使学生的思维更加灵活，提升学生的探究能力。在解决问题中，学生与人沟通的能力也会得到提升。

二、案例展示

（一）实验前讲解

1. 教学地点

物理实验室。

2. 教学任务

完成乒乓球发射器的制作，运用自由落体运动知识计算乒乓球的速度。

3. 教学目的

解决真实情境中的物理问题；利用实际数据与理论数据进行计算、比较，分析其误差原因。

4. 教学准备

14套拼装材料、《加油！向未来》视频材料、秒表、米尺。

（二）第一课时

（1）教师将学生2人一组分为14组，每组学生发一套拼装材料。教师为学生播放大型科学实验节目《加油！向未来》中的视频片段，其内容主题为：能否利用物体的重力加速度准确击中目标？

（2）具体内容：10 m高处有一把宝剑，旁边有一个橄榄球发球机。当橄榄球和宝剑同时启动时，会发生哪种情况？答案有三个选项，分别为橄榄球从剑上方穿过、击中剑、从剑的下方穿过。

（3）看过视频，让学生猜测答案为哪个选项，并展开讨论。学生经过讨论后，问题集中在橄榄球的速度、橄榄球与剑的距离等问题上。让学生带着疑问，继续观看视频。

（4）视频中，橄榄球的时速为80 km/h，与宝剑呈45°角发射，结果正好击中宝剑。学生发出了惊讶的感叹，这是为什么？看过节目中的粗略解答后，教师进行讲解：此种情况若动笔计算有些复杂，涉及斜抛运动，请有兴趣的同学课后利用自由落体的知识进行解答。如果以简单的方式，可以宝剑为参照物，让学生想象从宝剑的角度看橄榄球是什么运动，由于橄榄球与宝剑有相同的重力加速度，所以以它们所在的系统为参考系的话，不考虑空气阻力，看到的橄榄球就直直地射过来。

（三）第二课时

（1）开始上课，教师用上节课看的视频引出此次的主题内容——制作乒乓球发射器，并根据高度计算乒乓球的理论落地速度。

（2）学生2人一组，开始拼装乒乓球发射器材料。

（3）拼装需要较长时间，所以先制作完成的学生可以发射乒乓球玩，下节课大家统一计算乒乓球速度。

（四）第三课时

（1）开始上课，教师与学生明确此次课的主题——计算乒乓球的速度并与实际速度进行对比。

（2）学生2人一组开始计算，先计算乒乓球的理论速度。从课桌上发射乒乓球，需要测量实验桌高度，学生用米尺进行测量，高度为75 cm。

（3）学生根据课桌高度计算乒乓球下落时间为0.39 s，竖直速度为3.83 m/s。在地面测量乒乓球发射后的水平速度。水平速度每位学生都不同，测量多次后计算平均值并做记录。

（4）每组学生将发射器置于桌子上水平放置，将乒乓球上涂满粉笔灰，一人发射乒乓球，一人用秒表计时，记录多次并计算平均值。将实际实验得到的数据与之前数据进行对比。

（五）第四课时

（1）学生继续整理自己的实验数据，分析误差原因，每组派代表发言。

（2）分析误差原因主要来自手动计时、空气阻力、声音传播需要时间等。

（3）教师对课堂进行总结，每组的数据都是不同的，都是学生根据自己制作的乒乓球发射器计算的，真实的实验数据受很多因素影响，必然与理论数据存在误差。在分析误差原因后，教师提问：可以做出哪些改进呢？

（4）学生进行讨论、思考。

（5）学生答：不要开窗，同学不要走动，减少空气阻力的影响；让乒乓球在更高的平台上发射，延长落地的时间会更准确；用更多皮筋发射乒乓球，让球走得更远；等等。教师鼓励学生多多作答。

（6）教师对学生答案进行合理性分析，总结课堂。

三、STEAM课堂效果反馈

课堂上，学生分组进行，积极思考，在教师引导下能够动手计算实际问题，并主动分析误差存在的原因，课堂效果非常好。

（一）融入STEAM的物理课堂与传统课堂的区别

融入STEAM的物理课堂与传统课堂相比，最大的区别在于融入STEAM的物理课堂中的问题是真实情境中的问题。以往物理课堂中提出的情境，可能离我们现实生活比较远，比如说桌上发射一个小球，可实际上生活中并没有发射小球的真实需求，为什么要计算呢？这种计算与实际生活场景中的计算显得特别没有意义，像是为了计算而计算，因为它是一道题，你就得算。而融入了STEAM的课就不同了，发射器是学生自己做的，让学生算小球的速度就显得很有意义。学生能通过对速度的计算，比较自己的发射器和其他同学的发射器差在哪里，区别在哪里，也能知道理想情况和现实情况的差别在哪里，自己分析误差。这个很有意义。

（二）融入STEAM的教育对学生发展的帮助

这个帮助，短期内无法体现出来，因为我们短期内看见的只能是成绩。但这对学生长期发展是有影响的，学生做过、体验过，亲手和别人搭伴解决过问题，这对他未来的成长一定会有帮助，其实也是在锻炼学生与别人沟通解决问题的能力。还有一点很重要，就是学生得真正思考才能发现问题、解决问题。可能在日常的学习中，习题试卷之类的测试都是有答案的，但这种项目是没有答案的，而且每个组的问题都是不一样的，这些问题都需要学生自己去思考、去解决。

（三）长期性的发展对STEAM教育的考量

这正是STEAM教育的难点。我们可以对教学理念进行好坏的评价，但是在考查的过程中，教师需要针对小班教学，让教师对学生进行评价，其实目前来看并没有相对较好的评价方式。但针对上述案例，教师可以组织学生比赛，学生通过对自己设计的发射器进行调节，让乒乓球射得更远。但这种比赛一定要在物理教学活动之后，也就是计算速度之后进行。如果把比赛前置了，那课堂就没法把控了，大家肯定想着怎么射得更远，就不想计算、学习了。其实课程重点在于后面的运用、计算过程，但我们花了很多时间去准备。首先是想引起学生的注意，让学生觉得做的事情有实际意义，然后再让他们计算。这样他们就很容易接受，对这堂课的印象也会很深刻。

课堂只要是开放的、互动的，学生就愿意去思考，STEAM教育是科学、技术、工程、数学的融合，但这堂课没有把这些知识全部融合在一起。让学生做乒乓球发射器，首先体现了工程素养。乒乓球的射程肯定与发射器的结构有关系，学生做时就要从这个角度去考虑，在这个过程中他自己要去看、去观察，然后去学习。计算乒乓球的速度其实也包含其他的物理知识，比如橡皮筋绑一根或者绑两根对乒乓球水平速度的影响，这里面又涉及弹性势能，这是一个更复杂的物理问题。其实从这样的制作中，我们可以挖掘出很多现实的问题，可以让学生看到这些问题、思考这些问题，一起去探讨。教师要用一种开放式的心态去对待，我觉得这是教师应该持有的态度。我们应该将问题的更多方面抛出来，让学生看到问题，培养他们发现问题的能力。这堂课旨在培养学生发现问题、解决问题的能力，这体现的是一种科学素养。

四、STEAM活动的意义

我国目前的中学物理教学仍是一种所谓的被误解的"高效课堂"，大容量、快节奏仍然很多，这种现象导致物理和化学的科学知识变成一种需要记住的"信息"，而不是鲜活具体的科学现象，这是虚假的"高效"。

科学教育的本质越来越受到人们的重视，我们需要完成几个转变：从为知识而教转向为理解而教，从关注学生解题能力转向关注学生对科学概念本质的理解，从关心学生考试分数转向关心学生科学素养，从短期"高效"的教学模式转向扎根的、长久的提高科学素养的教学模式。在这些问题上，教师缺少的未必是理念，而是实践探索。

基于我国中小学科学教育的现状，必须加强科学教育的融合，更重要的是，需要提高公众的科技意识和工程意识，需要有相应素质的教师，需要更多的政策和资金支持。随着社会对技能需求的增加，随着国家科技创新战略和人才战略的实施，必须要开展扎实有效的科学教育工程和技术教育改革，以增强21世纪我国在全球的竞争力。

第三节　基于STEAM教育理念的高中物理教学应用策略
（案例赏析）

一、新课教学

（一）万有引力定律的应用

《万有引力定律的应用》是天体运动的重要一节，影响着学生对天体运动的兴趣，甚至是对航空航天的兴趣。因此，要求学生带着问题去探究，同时以太阳系天体模型为研究对象来探究天体运行的规律以及数学运算规律，从而得到新知，提升自身的综合能力和STEAM综合素养。

1. 教学目标

（1）知识与技能：了解利用万有引力定律预言彗星回归和预知未知星体能力；掌握利用万有引力定律推导计算出天体的质量和密度的方法；了解万有引力定律在宇宙探索中的重要作用。

（2）过程与方法：探究能力、合作能力、动手能力、自学能力等综合能力。

（3）情感、态度与价值观：体验自然科学中的科学研究方法和人文精神。

（4）STEAM教育目的：提高学生利用科学知识探究自然界的能力，利用技术解决问题的能力以及意识到技术能影响自己、国家、社会的能力，整合多门学科解决实际问题的能力，利用数学解释、表达的能力，提高学生STEAM相关职业的兴趣和STEAM综合素养。

2. 教学重难点

（1）重点：应用万有引力定律知识预言彗星的回归，万有引力定律的应用。

（2）难点：利用万有引力定律计算天体质量、密度的思路和方法。

3. 教学方法

（1）基于问题的探究式教学，自主学习、协作学习。

（2）基于项目的教学与学习。

4. 教学计划

基于STEAM教育理念的高中物理教学以学生为主体，教师作为指导者、合作者。课前，教师向学生提出两个问题和太阳系天体模型问题。

（1）两个问题。①下一次哈雷彗星何时出现？②太阳系是否存在第九颗行星？（查阅海王星与冥王星后的发现。）

（2）太阳系天体模型问题。①地球绕着太阳转动，如何求中心天体的质量？②如何求其他环绕天体的质量和密度？

通过以上两个问题和太阳系天体模型问题，让学生带着问题、围绕着问题查阅资料，归纳总结，计算推演，在自主、合作学习的基础上解决问题。同时为了巩固知识以及活学活用，教师还可提出以下问题：土星上的一年有多长？金星上的一天有多长？哪两个星球因为大小相近，被誉为"双胞胎"？哪个星球位于地球和太阳之间？太阳系中的哪个星球带有一个"环"呢？哪个星球又被誉为红色星球？哪个星球最合适我们人类居住？月亮边上最亮的那个星星是什么星球？各个小组就一个或两个问题进行探究，通过合作交流、查阅资料、合理演算等解决问题，最后学生在课堂上进行成果的展示与说明，教师与学生一起进行成果的评价与总结。

5. 课外活动

在这个案例中，学生利用多种现代信息技术查阅资料、扩充新知，这是对技术的进一步掌握。同时，学生在进行成果展示时也会利用计算机等多种课程资源、模型来帮助自己解释说明。从本节课的最后一个太阳系天体模型可以看出，数学作为STEAM教育的重要部分，与物理关系密切，通过数学推演解释说明，得出计算未知天体的质量与密度规律。本节课并未过多涉及工程方面的知识，在教学过程中并不能将STEAM教育一次性概括在物理教学中，但是，我们要尽可能地在课堂中渗透STEAM教育理念。关于补充工程、技术等方面的知识以补充这节课的薄弱，教师可以设计基于项目的课外活动，即以木星为中心，以其周围的四颗伽利略行星建立模型，在基于项目的教学和学习的引导下，学生根据学习内容进行项目准备、制订计划、项目实施、分析讨论、建立模型、解释说明，教师再适时地帮助、监督与评价。

6. 小结

在学习物理知识的同时结合STEAM教育理念，通过查阅资料、计算讨论，学生能利用万有引力定律解释同一颗彗星的多次回归时间，了解利用万有引力定律预知并发现海王星和冥王星的科学案例，并通过太阳系模型讨论计算，学会计算未知天体的质量和密度。为了评价学生对本节内容知识的掌握情况以及学生利用知识解决实际问题的能力，教师以不同的问题引导学生小组探究，最后向学生布置课外教学活动任务。通过本节课，不仅让学生体会理论和实际生活情境之间的重要联系，培养学生逻辑思维能力和人文精神等，使学生对天体物理学的兴趣以及STEAM教育相关职业的兴趣增强，也提升了学生的综合能力和STEAM综合素养。

（二）示波管原理

在电学部分选择了高中物理示波管原理所涉及的带电粒子在电场中的运动规律这一问题进行教学案例分析。带电粒子在电场中的运动综合了静电场和力学的知识，是对高一所学知识的综合应用，也为之后学习带电粒子在磁场中的运动打下基础。对于本节知识在实际应用方面最典型的就是示波器，它将肉眼无法识别的电信号转化为看得见的图形，并应用在我们的生活中，而究其原因，就是本节要探究的。

1. 教学目标

（1）知识与技能：了解示波管的工作原理；利用动力学知识与方法来分析带电粒子在电场中的运动。

（2）过程与方法：培养学生探究、自学、质疑、合作、解决实际问题等综合能力以及使学生了解理想化的方法。

（3）情感、态度与价值观：培养学生科学探究方法与研究精神，使学生建立科学价值观。

（4）STEAM教育目的：STEAM综合素养的提高以及对STEAM相关职业的广度与深度的了解。

2. 教学重难点

（1）重点：带电粒子在电场中的加速、偏转规律以及该规律的应用。

（2）难点：带电粒子在电场中运动规律的应用。

3. 教学方法

5E教学模式，合作学习、自主学习。

4. 教学计划

本节教学采用5E教学模式，分为五个环节：

（1）参与。为激发学生的兴趣与探究欲望，教师利用信息技术向学生展示并提供广泛应用于生活中的示波管的模拟动画。教师简单地讲解完该模拟动画，并做封面截图处理。在截图中可看到有"单步执行""连续移动"等不同按钮。当按不同的按钮时，电子枪打出的电子就会沿着不同的轨迹运动，且打在不同的位置上。此时学生就会针对这一现象联系已有的知识经验，为下一步探究打下基础。

（2）探究。在教师的引导下学生通过观察、归纳计算、分析整理，从而将新旧知识进行融合，总结出带电粒子在电场中的运动规律。

（3）解释。学生在探究之后要进行成果的展示与说明，在这里，就要对电子在不同的位置有不同的运动做出合理的解释，从而总结归纳出规律，之后教师就学生的成果展示进行评价与补充。此外，教师就本节内容的实际应用进行扩展，列举利用"带电粒子在电场中的运动"的知识制作的加速器在工业、科技、农业等方面的应用，如原子核实验、放射医疗、非破坏性探伤、加速器辐射育种保鲜和杀菌等来扩充学生的知识面，培养学生的STEAM素养。

（4）迁移。该部分在于让学生利用所学知识解决实际生活中的现象、原理，所以在这一部分教师提出一个问题：在医疗方面，俗称"X刀"的立体定向放射治疗是如何利用带电粒子在电场中的运动的？学生就这一问题进行小组合作探究，通过查阅网络、书籍以及请教专家、教师，如有条件的去医院请教等多种渠道解决问题。在此过程中教师也可适时地向学生提供相关的资料等予以帮助。在解决问题的过程中，学生不仅在本节内容的知识层面上有所提升，对于STEAM教育素养也有很大的提升。

（5）评价。评价分为教师与学生两部分，在整个教学过程中，教师通过学生的表现进行正式的评价。例如，对学生"带电粒子的运动规律"的成果展示的正确与否进行评价；对学生在"迁移"阶段对教师的问题的探究情况进行评价。同时，在整个教学过程中，教师在观察、交流的过程中对学生进行非正式评价。而在课后，通过作业的完成情况对学生进行评价以及对自身教学进行评估。此外，学生也要进行自我评价，通过反思自己在学习过程中的付出与努力，以及对自己的探究思路、方法等进行反思与改进，从而在掌握新知的同时提升STEAM素养。

5. 小结

本节内容采用5E教学模式更利于提高学生的学业成就，提高学生的学习兴趣，让学生认识到现在所学的知识对我们实际科学技术的革新所做的贡献，以及利用数学帮助学生归纳、展示规律，使学生建立有意义的科学概念。本节内容增进了学生对STEAM领域职业的追求，为学生今后的职业教育提供了更多的可能性，同时提高了学生的探究能力、合作交流能力和综合分析问题的能力等。

二、实验教学

（一）探究合外力做功与速度变化的关系

1. 教学方法

基于项目的教学，基于项目的学习。

2. 实验目的

（1）实验目的：探究合外力做功与速度变化的关系。

（2）STEAM教育目的：提升学生的分析、设计、合作、创新、动手、解决问题等综合能力；在项目实施的过程中培养学生的STEAM综合素养。

3. 重点难点

（1）重点：实验方案的设计，合外力做功与速度变化的关系。

（2）难点：实验探究合外力做功与速度变化的关系，即动能定理。

4. 实验装置

滑块、气泵、气垫导轨、钩码、刻度尺、光电门、挡光片、数字计时器、安装有DIS系统或Excel软件的计算机。

教师向学生提供实验室和相关的实验器材、资料等，学生进行实验项目设计，学生可自主选择实验装置，如果选择图5-3-1中的装置，要注意滑块的质量应远远大于钩码的质量。

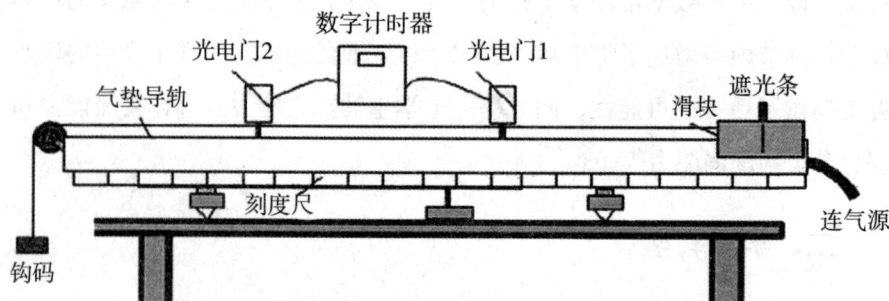

图5-3-1　探究合外力做功与速度变化的关系实验装置图

5. 实验操作与数据的处理

学生在实验装置的选择、安装和调试的过程中，要充分发挥合作学习的精神，同学之间相互补充，教师及时地提出修正与指导。同时，学生要学会设计表格、记录数据，并利用相关器材对相关数据进行测量，如利用天平测量钩码的重量和记录滑块运动的位移、时间等。在数据处理的时候，将数据直接输入计算机并利用计算机作图，从而探究合外力做功与速度之间的关系。在探究速度与合外力之间的关系时，学生往往会探究$W-\Delta v$、$W-\Delta v^2$、$W-\Delta v^3$的关系，并最终得到$W-\Delta v^2$的线性图像。此图像需要学生分析两个问题：图像是否过原点？斜率是多少？学生通过进一步的探究、数据的分析，将探究的结论在班级内进行结果展示与说明，即得到$W=\dfrac{1}{2}mv_2^2-\dfrac{1}{2}mv_1^2$。然后教师对学生的结果进行评价与完善。同时，动能定理的得出也可通过结合已有物理规律计算推演得出，所以教师在此过程中也应积极引导学生利用已有知识和数学演算来解释并验证动能定理，即

$$W=Fs=ma\frac{v_2+v_1}{2}t=m\frac{v_2+v_1}{2}\cdot\frac{v_2-v_1}{2}t=\frac{1}{2}m\left(v_2^2-v_1^2\right)$$

最后，进行实验的误差分析，说明该实验还是有改进的空间，还需要技术的再次革新从而使实验更精准。

6.小结

本节课以学生为主体，教师向学生提供实验室和必要的实验器材，以"探究合外力做功与速度变化的关系"为本节课的项目学习主旨，学生进行小组合作、设计实验、查阅资料、讨论分析、项目实施、撰写报告以及成果展示。之后学生之间进行相互评价与监督，教师从多个角度对学生进行过程性评价以及成果评价。

基于项目的教学，教师从一开始就引导学生以一个"工程师"的角色思考问题，小组之间各自分工、合作交流，对实验的进展以及如何利用、组合各个实验工具等问题进行规划。在此过程中，学生将运用已有的知识经验、技术对未出现的或即将出现的结果进行猜想或预判，解释已出现的项目结果。其中利用数据的测量、分析、计算等都是利用数学进一步解释。通过分析可以看出，这既是一堂普通的实验课，也是一节不普通的实验课。本堂课要求学生有很强的自主性、动手能力和探究精神等，提升了学生的综合能力与STEAM综合素养。

三、习题分析

（一）选择题

例1（2016年浙江理综，17）如图5-3-2所示为一种常见的身高体重测量仪。测量仪顶部向下发射波速为v的超声波，超声波经反射后返回，被测量仪接收，测量仪记录发射和接收的时间间隔。质量为M_0的测重台置于压力传感器上，传感器输出电压与作用在其上的压力成正比。当测重台没有站人时，测量仪记录的时间间隔为t_0，输出电压为U_0，某同学站上测重台，测量仪记录的时间间隔为t，输出电压为U，则该同学的身高和质量分别为（　　　）

A. $v(t_0-t)$，$\dfrac{M_0}{U_0}U$

B. $\dfrac{1}{2}v(t_0-t)$，$\dfrac{M_0}{U_0}U$

C. $v(t_0-t)$，$\dfrac{M_0}{U_0}(U-U_0)$

D. $\dfrac{1}{2}v(t_0-t)$，$\dfrac{M_0}{U_0}(U-U_0)$

图5-3-2

试题分析：本题以一种常见的身高体重测量仪为模型，实际考查传感器在生活生产中的应用，其中涉及定量的思想、推理的方法，需要学生不仅利用物理知识理解这个真实问题，还需要通过推理、数学定量计算等解决这道题。这道题中涉及工程、数学、技术、物理科学的知识，如果学生在解决这个问题时，能够灵活利用所学知识解决问题，那么，STEAM综合素养也就逐渐形成了。

例2（2016年江苏理综，6）（多选）电吉他中电拾音器的基本结构如图5-3-2所示，磁体附近的金属弦被磁化，因此弦振动时，在线圈中产生感应电流，电流经电路放大后传送到音箱发出声音，下列说法正确的有（　　）。

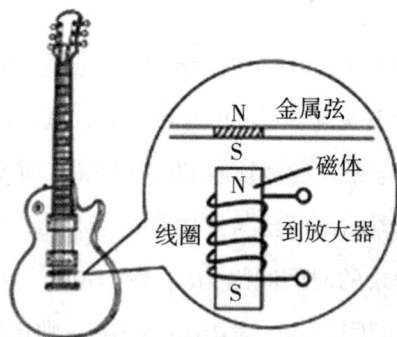

图5-3-3　电吉他中电拾音器的基本结构图

A. 选用铜质弦，电吉他仍能正常工作

B. 取走磁体，电吉他将不能正常工作

C. 增加线圈匝数可以增大线圈中的感应电动势

D. 磁振动过程中，线圈中的电流方向不断变化

试题分析：本题通过引入电吉他中的电拾音器的基本结构，考查学生电磁感应的知识，以实体模型为例，让学生通过分析、判断从而在得出正确答案的过程中提升STEAM综合素质与综合能力。

例3（2016年天津理综，3）我国即将发射"天宫二号"空间实验室，之后发生"神舟十一号"飞船与"天宫二号"对接。假设"天宫二号"与"神舟十一号"都围绕地球做匀速圆周运动，为了实现飞船与空间实验室的对接，下列措施可行的是（　　）

A. 使飞船与空间实验室在同一轨道上运行，然后飞船加速追上空间实验室实现对接

B. 使飞船与空间实验室在同一轨道上运行，然后飞船减速追上空间实验室实现对接

C. 飞船先在比空间实验室半径小的轨道上加速，加速后飞船逐渐靠近空间实验室，两者速度接近时实现对接

D. 飞船先在比空间实验室半径小的轨道上减速，减速后飞船逐渐靠近空间实验室，两者速度接近时实现对接

试题分析：航天科学是高中教学中的重点章节，每年关于万有引力定律及其应用都以当年的航天进展为实例进行考查，而航天知识的学习与应用也意在培养学生的职业兴趣、研究能力等，从而让学生更好地利用所学知识解决实际问题，在解决问题的过程中提升学生的STEAM综合素养。

例4（2015年北京理综，20）利用所学物理知识，可以初步了解常用的公交一卡通（IC卡）的工作原理及相关问题。IC卡内部有一个由电感线圈L和电容C构成的LC的振荡电路。公交车上的读卡机（刷卡时"嘀"的

响一声的机器）向外发射某一特定频率的电磁波。刷卡时，IC卡内的线圈
L中产生感应电流，给电容C充电，达到一定的电压后，驱动卡内芯片进行
数据处理和传输。下列说法正确的是（　　　）

A. IC卡工作所需要的能量来源于卡内的电池

B. 仅当读卡机发射该特定频率的电磁波时，IC卡才能有效工作

C. 若读卡机发射的电磁波偏离该特定频率，则线圈L中不会产生感应
电流

D. IC卡只能接收读卡机发射的电磁波，而不能向读卡机传输自身的数
据信息

试题分析：本题在知识层面上考查电磁感应、LC振荡电路、电磁波
的发射与接收三方面的知识。首先，题目背景是每个人都有的公交一卡
通，从而引起学生注意到物理就在他们的身边，且探究其中所包含的科学
知识时，与自身所学正好符合。其次，使学生明白物理可以改变我们的生
活，使科学技术水平越来越高，使我们更方便地生活，从而潜移默化地提
升学生的STEAM综合素养。

（二）简答题

例5（2015年课标Ⅱ理综，25）下暴雨时，有时会发生山体滑坡或泥
石流等地质灾害。某地有一倾角为$\theta = 37°$（$\sin 37° = 3/5$）的山坡C，上面
有一质量为m的石板B，其上下表面与斜坡平行；B上有一石堆A（含有大
量泥土），A和B均处于静止状态，如图5-3-4所示。假设某次暴雨中，A
浸透雨水后总质量也为m（可视为质量不变的滑块），在极短的时间内，
A、B间的动摩擦因数μ_1减小为3/8，B、C间的动摩擦因数μ_2减小为0.5，
A、B开始运动，此时刻为计时起点；在第2 s末，B的上表面突然变光滑，
μ_2保持不变。已知A开始运动时，A离B下边缘的距离$l=27$ m，C足够长。
设最大静摩擦力等于滑动摩擦力。取重力加速度大小$g=10$ m/s^2，求：

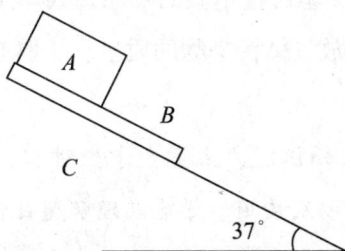

图5-3-4 示意图

（1）在0～2 s时间内A和B加速度的大小。

（2）A在B上总的运动时间。

试题分析：本题知识层面上考查牛顿第二定律、匀变速直线运动规律、多物体、多过程问题。在考查能力层面上，以实际山体滑坡或泥石流等地质灾害建立物理模型，学生在解决问题的过程中体会到物理就在每个人的身边，且能够帮助学生解决生活中的实际问题。解题的过程就相当于在一个工程中，利用物理、科学、数学知识进行运算，学生在解决问题之后，就会想到将物理、科学、数学知识应用到预防山体滑坡或泥石流等地质灾害中，从而在技术的革新以及工程建造的时候提供指导，引导学生增强研究能力以及对相关职业感兴趣，也能提升学生的STEAM综合素养。

例6（2015年四川理综，9）严重的雾霾天气对国计民生已造成了严重的影响，汽车尾气是形成雾霾的重要污染源，"铁腕治污"已成为国家的工作重点，地铁可实现废气零排放，大力发展地铁可以大大减少燃油公交车的使用，减少汽车尾气排放。

若一地铁从甲站由静止启动后做直线运动，先匀加速运动20 s达到最高速度72 km/h，再匀速运动80 s，接着匀减速运动15 s到达乙站停住。设列车在匀加速运动阶段牵引力为1×10^6 N，匀速阶段牵引力的功率为6×10^3 kW，忽略匀减速运动阶段牵引力所做的功。

（1）求甲站到乙站的距离。

（2）如果燃油公交车运行中做的功与该列车从甲站到乙站牵引力做的功相同，求公交车排放气体污染物的质量。（燃油公交车每做1 J功排放气体污染物3×10^{-6} g）

试题分析：本题在知识能力上考查学生对功、匀速直线运动和匀变速直线运动规律的掌握以及应用。学生在理解题目传达出的物理条件以及其背后所涉及的科学技术改变现状的人文含义后，运用物理知识、数学计算，分析解决与实际生活相联系的物理问题，在此过程中培养学生的STEAM综合素养。

（三）实验题

例7（2015年课标 I 理综，22）某物理小组的同学设计了一个粗测玩具小车通过凹形桥最低点时的速度的实验。所用器材有：玩具小车、压力式托盘秤、凹形桥模拟器（圆弧部分的半径为$R=0.20$ m）。（见图5-3-5、图5-3-6）

图5-3-5　凹形桥模拟器静置于托盘秤　　　　图5-3-6　托盘秤的示数

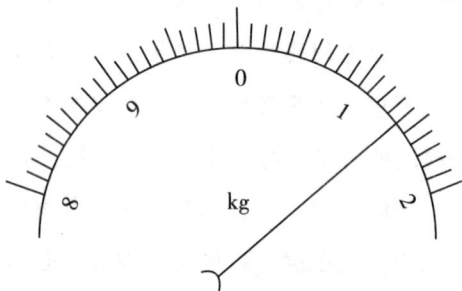

完成下列填空：

（1）将凹形桥模拟器静置于托盘秤上，如图5-3-5所示，托盘秤的示数为1.00 kg。

（2）将玩具小车静置于凹形桥模拟器最低点时，托盘秤的示数如图5-3-6所示，该示数为_____kg。

（3）将小车从凹形桥模拟器某一位置释放，小车经过最低点后滑向另一侧，此过程中托盘秤的最大示数为m。多次从同一位置释放小车，记录各次的m值见表5-3-1。

表5-3-1　记录各次的m值

序号	1	2	3	4	5
m / kg	1.80	1.75	1.85	1.75	1.90

（4）根据以上数据，小车经过凹形桥最低点时对桥的压力为_____N，小车通过最低点时的速度大小为_____m/s。（重力加速度大小取9.80 m/s^2，计算结果保留2位有效数字）

试题分析：本题以学生实验——探究玩具小车通过凹形桥最低点的速度为模型，利用圆周运动、力学等相关知识，结合学生生活经验，使学生在解决物理模型所涉及的问题时，培养STEAM综合素养。

例8（2015年上海物理，26）在"用DIS研究通电螺线管的磁感应强度"实验中：

（1）在对螺线管通电_____（选填"前"或"后"）必须对磁传感器进行调零。

（2）（单选题）实验时，将磁传感器探管前端插至通电螺线管轴线中点时，磁传感器读数为5 mT。减小通电螺线管的电流后，将探管从螺线管的另一端插入，当探管前端再次到达螺线管轴线中点时，磁传感器的读数可能为（　　）

A. 5 mT　　　　B. −5 mT　　　　C. 3 mT　　　　D. −3 mT

试题分析：本题要求学生掌握"利用DIS研究通电螺线管的磁感应强度"。DIS研究通电螺线管的磁感应强度本身就是一项工程，从这道题可以看出DIS已经是学生必须要掌握的一项实验技术，DIS技术是对那些陈旧的实验器材的革新，让学生认识到技术的革新改变生产生活，在利用数学计算、物理知识解决问题的过程中培养学生的STEAM综合素养。

综上所述，通过具体的教学案例以及对试题的分析可以看出，在高中物理教学中渗透STEAM教育具有可行性，且可以通过多种途径对高中物理教学进行STEAM教育的渗透。只要教师充分理解STEAM教育的内涵与意义、目的、特点、教学原则，借鉴当前成功案例并结合我国高中物理教学特点大胆尝试且不断创新，那么，基于STEAM教育理念的高中物理教学就是一件切实可行的、意义非凡且可推广的事情。

参 考 文 献

［1］吴晓天.基于中学物理实验活动的STEM教育实践［D］.呼和浩特：内蒙古师范大学，2017.

［2］董莉.基于STEM教育理念的高中物理教学策略研究［D］.成都：四川师范大学，2017.

［3］史峰.高中物理课程中技术素养培养的研究［D］.开封：河南师范大学，2016.

［4］范增.我国高中物理核心概念及其学习进阶研究［D］.重庆：西南大学，2013.

［5］周俊花.高中物理教学培养学生科学素养现状研究——以陕北地区为例［D］.延安：延安大学，2014.

［6］杜蕊.高中生科学素养和物理科学素养的调查研究——以贵阳市为例［D］.贵阳：贵州师范大学，2014.

［7］王佳.高中物理创新实验拓展课程的实践研究［D］.上海：上海师范大学，2014.

［8］刘彬.高中物理教学中渗透技术教育的行动研究［D］.南京：南京师范大学，2014.

［9］李扬.STEM教育视野下的科学课程构建［D］.金华：浙江师范大学，2014.

［10］范燕瑞.STEM教育研究——美国k-12阶段课程改革新关注［D］.上海：华东师范大学，2011.

［11］陈鲜艳.普通高中物理教材难度研究［D］.西安：陕西师范大学，
2013.

［12］刘婵玉.新课改下高中物理实验教学模式的探索与评价研究［D］.西
安：陕西师范大学，2013.

［13］刘思彤.多媒体课件在高中物理教学的应用［D］.北京：中央民族大
学，2017.

［14］张荣奎.高中物理教学培养学生应用数学能力的方法与实践［D］.济
南：山东师范大学，2014.

［15］陈显峰.基于标准的高中物理教学设计研究［D］.苏州：苏州大学，
2015.

后　记

　　从STEAM教育的产生到发展可以看出美国一心致力于STEAM教育且在不断地采取改革措施，最终目的在于增强国家的核心竞争力。同时，分析整理STEAM教育的有关文献，从实践的角度对美国有关STEAM教育的内容进行了广泛的研究，包括对当前实施现状的了解、教学策略的研究、课程资源和项目的开发、STEAM教师的培养等方面，这些都对我国发展STEAM教育有很大的启示与帮助。随着我国关注且实施STEAM教育的人越来越多，一部分国内研究者对STEAM教育的研究集中在产生原因剖析、解读报告、内涵讲解等方面，一部分人针对STEAM教育的理论进行研究与实践探索，且已取得一定的效果。在借鉴、吸收国内外STEAM教育实践与研究经验的基础上，总结了基于STEAM教育理念的高中物理教学目标、原则、特点和有效教学策略，并就促进基于STEAM教育理念的高中物理教学提出四点有效措施。最后，从新课教学、实验教学以及习题分析三方面进行了案例的分析研究。要使STEAM教育这一综合教育融入物理单科教育中并不是一件简单的事情，需要在传统物理教学上进行改良，在物理学科的基础上体现STEAM教育理念。

　　在物理教学中发现，物理教育与科学教育、数学教育的关系紧密，但是与技术教育、工程教育的联系还是很少，这就要求教师在设计教学的时候尽可能将物理问题与真实情境结合，以一个真实情境问题、模型等为"线索"让学生在工程设计的同时，把现代信息技术作为手段与工具，结合科学知识，进而解决问题并进行成果展示，完成教学目标。当然，不是所有的物理问题都涉及科学、技术、工程、数学，这就需要教师灵活设计教学，如《万有引力定律的应用》案例分析把基于问题的探究式教学课堂和课后教学、基于项目的课外活动进行结合。此外，我国以考试为评价学生的重要形式，因此，习题的设计与选择也应多与STEAM教育建立联系。本着基于STEAM教育理念的高中物理教学的积极态度，在借鉴、吸收国外教育改革经验的基础上，加快我国高中物理教育改革的步伐与成效，希望能够激发国内学者、教师对基于STEAM教育理念的高中物理教学的实践有更多的思考与研究。